U1005502

中国当代美学家文论家评传

王岳川　主编

余之诗才，实素不专心于此。偶有所作，乃快口酒之余油，记一时之实遣一些记兴以自娱而已。自知诗格平弱，不足寓目，数十年极少示人。前日小女广泛搜去一组并予发表。人生鸿爪，转眼成空，率性再录数首以纪印痕，均不堪回首忆当年之作品也。抄毕倍慨然。

2006年6月于Boulder

虞美人

绵绵风雨京国泪，极目江山碎。晚来烦扰上危楼，千里风云何处放高光。凭栏欲向东风嘱，莫笑年华早；少年心意总殷勤，望遍山花春意却难寻。

1945春

中国当代美学家文论家评传

王岳川　主编

李泽厚评传

时胜勋◎著

黄山书社

图书在版编目(CIP)数据

李泽厚评传 / 时胜勋著. —合肥:黄山书社,
2016.8
(中国当代美学家文论家评传)
ISBN 978-7-5461-5399-5

Ⅰ. ①李… Ⅱ. ①时… Ⅲ. ①李泽厚-评传
Ⅳ. ①K825.1

中国版本图书馆 CIP 数据核字(2016)第 007683 号

李泽厚评传
LIZEHOUPINGZHUAN
时胜勋 著

策　　划　汤吟菲　朱莉莉
责任编辑　朱莉莉
装帧设计　未　氓
出版发行　时代出版传媒股份有限公司(http://www.press-mart.com)
　　　　　黄山书社(http://www.hspress.cn)
地址邮编　安徽省合肥市蜀山区翡翠路 1118 号出版传媒广场 7 层 230071
印　　刷　安徽国文彩印有限公司
版　　次　2016 年 8 月第 1 版
印　　次　2016 年 8 月第 1 次印刷
开　　本　700mm × 1000mm　1/16
字　　数　180 千
印　　张　14.5
书　　号　ISBN 978-7-5461-5399-5
定　　价　46.00 元

服务热线　0551-63533706
销售热线　0551-63533761
官方直营书店(http://hsssbook.taobao.com)

版权所有　侵权必究
凡本社图书出现印装质量问题,
请与印制科联系。
联系电话　0551-63533725

总 序

近百年来,中国美学文论学在西方现代性与后现代性的不断扩张中,艰难地生产着自己的文化和美学新思维,在欧风美雨中不断吐纳吸收的同时变更着自己的美学文艺学立场。然而,当美学和文论边界不断扩大化的时候,中国美学文论身份却出现了辨识上的危机。中国美学家文论家的集团没有形成,甚至可以说在长达一个世纪之内,学者们在一个一个地细读、消化、评论西方美学家文论家,却没有看到中国美学文论界整体性地对中国百年来的美学家文论家加以整体研究的著作。

尤为严重的是,中国美学界文论界在对整个西方美学界文论界加以研究的时候,已经从宏观研究进入到微观研究层面,对西方古典美学家文论家、西方近现代美学家文论家、西方后现代美学家文论家的研究著作已多不胜数,而整个西方对中国美学家文论家的了解和研究却几乎是空白。这种文化美学上的不对等性,导致中西美学界文论界产生了巨额的"文化赤字"。这种"文化赤字"可能引发的"文化战争"危险,迄今仍然没有引起学术界的高度重视。

一、中国美学家文论家需在国际话语中重建身份

作为大国崛起的中国,其当代美学文论的前沿话语是同整个世界前沿话语相连的。中国面对世界,世界不可能背对中国。东方大国的美学文艺学在失去自我身份后亟需重新反省并获得自我身份:在经历了一个世纪的西化浪潮之后重新检讨中国美学的精神价值取向,从全盘西化的美学文论研究的盲视中走出来,重新以"走近经典"的文化高度和精神厚度,审视中西文化深层对话时代中的中国美学文论身份;从西方美学文论的中国化到中国美学文论经验的世界化的转型中,关注文化创新与文学理论创新的同步性,进而守正创新——"走近经典"并"创新经典"。

不同的价值立场使得在全球范围内出现了文化宗教层面的反全球化的多元文化主义潮流。多元文化伴随着人类历史而发展:中国文化传统、希腊

文化传统、希伯来文化传统、阿拉伯伊斯兰文化传统、非洲文化传统等多种文化不断消长，此起彼伏地影响着人类社会的进程。整体性现代社会正在发生大分裂，世界正在走向新的多元化、多样化。

当代西方文论的全球扩张，深层原因是西方现代性与后现代性的全球播撒。现代性使当代西方艺术具有了文化霸权的话语平台。现代性与科技发明和殖民主义相关，短短 200 年就使得西方成为世界霸主。但反过来，现代性也让西方和世界深受其害。因为在现代性发展和大国崛起的几百年历史中，世界告别了“王道”而成就了“霸道”，最终导致两次世界大战并走近第三次世界大战的边缘。于是审美现代性、后现代性开始放弃价值升华的追求，现代艺术家开始感受世界堕落般的“恶心”。艺术家堕入了虚无主义、悲观主义和文化失败主义的泥潭，对人类后殖民未来充满了悲观意绪。

西方乘着全球化的翅膀开始了文化霸权的飞翔。霸权是一种在文化领域中争夺“领导权”或“控制权”的话语，将历史上属于某个阶级的意识形态扩张化，使之成为人类对西方话语权力的普遍认同。于是，话语权力不是作为强权而是作为权威而得到行施，人们的精神文化生活在不知不觉中被政治化。人类在价值崩溃中彻底地世俗化，人类精神生态失衡已经习焉不察地成为意识形态符码。

当然，在一个相互交织并消解冷战思维模式的共存时代，如果没有西方“他者”的“镜像”，我们就无法清晰地审视中国文化的“自我”。通过文化镜像深度的自我审视，将有助于把东西方文化的对抗转化为不同文化体制的创造性互动，从而使本土性真正与全球性获得整合，使中国文论创新在不断明晰丰富和深度拓展中，推进“中国形象”的立场定位。

二、从西方文论中国化到中国文论经验的世界化

全球化格局下的文学理论以建构多元多样性诗学为己任，这种多元文化观将使“汉语学界”突破西方文论的单一知识框架，重新审视东方文学传统中的文化理念和文学观念，关注中国文学在新的世界格局中的现代性诗学特征，并通过对差异性文化精神的体认，获得更为宽松多元的文化差异性结论。

事实上，在文化美学领域中国际惯例不是西方惯例，游戏规则不应该由西方单边建立；国际惯例是世界共同创造的，游戏规则是东西方共同建立的。中国美学文论应该参与到建立游戏规则的过程中去，而不能“他者”建立了规则，东方大国仅仅去遵守。只有这样，当代理论家才能不在传统和现代之间徘徊犹豫，才能不用再按照西方模式亦步亦趋，而是摆脱了模仿西方的兴趣，打破西方艺术的惯例，开始以自己的方式在精神生态中寻找中国式的文论光辉和美学神采。

当代中国美学文论流派原创、范畴创新、体系“守正创新”应该提到议事日程上来了。在中国现代性经验没有进入国际大循环，没有成为人类经验的一部分，没有引起世界充分关注的时候，中国文论“守正创新”势在必行。

三、在“守正创新”中整体展示中国美学文论大家

在全球化后现代语境中，新世纪中国文论应在当代文论流派众多的话语角逐中，超越西化跟潮的流派横向移植，超越“五四情结”的现代性诉求，

在全球化文化互动中从事中国美学播撒和新理论输出，形成中西双向的“理论旅行”。一种对等互动的“旅行”，使本土文化艺术和理论反思能够真实地发生和生成在这片厚土之中，完成从一个世纪的拿来主义之后的“文化输出”。在美学文论创作方式、本体结构、接受方式、传播机制、价值功能等方面都产生转变的时代，真正的美学文论前沿践行者，当通过自己的笔歌墨唱，为21世纪中国美学文论的自我创新和输出提供坚实的文化观念和价值重建地基。

走近经典为了继承，创意经典为了图新，美学图新为了精神原创，这表达了我对中国美学文论界整体高于并超越前人的美学观念、美学形态、文论方法、文论传播的某种文化期待。“守正创新”是生命精神喷发状态，而“原创力”是文化软实力，可以表征美学文论新的大国形象。

当代美学家文论家努力的方向是文论原创性，只有真正走近经典的美学家文论家才有可能成为时代美学文论大家，也只有不断创出新经典的原创型美学家文论家才有可能成为时代美学文论大家。可以说，在当代西方美学文论研究了30年以后，应推出一大批不断创新的中国美学文论精英。只有中国美学文论大家的国际影响力提升了，才可能从发现东方文化的精髓到推出一个新的理念——中国文论的文化输出！美学文论国际互动是新世纪中国文论的文化战略，这意味着，新世纪美学文论不仅是中国的，也应该“走出去”而成为世界的！表明从本土主义文化出发应该提出世界主义的美学文论观。

最后需要说明的是，在高水平开创性学术丛书出版困难的时期，黄山书社决定推出这套《中国当代美学家文论家评传》，令人感佩。首批推出朱光潜、宗白华、杨晦、季羡林、王元化、蒋孔阳、李泽厚、钱中文、胡经之、童庆炳等十位中国当代美学家文论家的评传。评传在“评”的方面突出对所评专家学术成果的评介，在“传”的方面则尽可能地钩沉出所评专家一些鲜为人知的人生趣事，使其呈现出浓郁的生活气息。通过丛书的出版，力求打破多年来在中西方文化交流中，中国对国外思想家了解较多，而国外对中国当代思想家却知之甚少的局面，为中国当代“文化输出”做一些推动性工作。

这套丛书的出版，不仅可以使相关领域的研究者能对这些经历了 20 世纪欧风美雨的中国美学家文论家的精神世界有更深入的了解，也能让更多的读者领略和认识这些跨世纪美学大家的审美风采，从而推动新世纪中国当代美学文艺学研究的国际化。

是为序。

王岳川

2015 年 1 月 8 日于北京大学

目 录

自 序

李泽厚，是一个难题。

这个难题在于：为什么李泽厚在二十几岁便在哲学、思想史、美学领域崭露头角，在当代美学占有一席之地？为什么他在“文革”后四五年内迅速出版了他的重要代表著作，从而在80年代如日中天？为什么在90年代之后，李泽厚逐渐淡出人们的视野以后反而越发坚持自己的看法并加以深化、落实？作为最具国际知名度的中国当代著名的美学家，我们又如何认识他长达半个世纪的美学之思及其思想的效应？这些问题都不能轻易下断语，而应进行清晰的分析和描述。

作为美学家与文论家，李泽厚最具原创力的美学之作距今也有数十年了。无论李泽厚如何深化、拓展，一个事实便是，他思想的巅峰期已然过去。这里并非贬低，而是说明，任何思想的发展都经历一个从酝酿、成熟到解释、说明、传播、落实的阶段。思想家的特征在于不断地提出原创观点，同时又坚持和完善这些原创观点，这是思想的立场，也是思想的宿命。对李泽厚的定位，相比学者、哲学家，思想家可能更为合适。李泽厚最具开创性的地方在于以马克思的"自然人化"理论为基础，建立自己的主体性实践哲学与美学，先后提出或着重阐述的富有特色的观点有：自然人化、美与美感的区别、美感的二重性、美的客观性与社会性、情理交融、真善美的和谐关系、使用—制造工具的实践、美是自由的形式、积淀、实践理性、乐感文化、人的自然化、新感性、儒学第四期、情感本体……尽管有很多想法并没有具体的落实，但这种开风气、把握思想前沿的思想家气息是扑面而来的。

从其思想历程而言，李泽厚美学的思想时代大致分为以下三个阶段：

一为20世纪50、60年代的"原创时代"，在思想发轫之初，李泽厚就显示出思想家的风貌。他非常敏感地抓住了马克思的自然人化理论，通过自己的阅读提炼，在美学大讨论中一鸣惊人，他的勤奋思考与写作也使其基本思想多有呈现，这一时期李泽厚美学可谓锋芒毕露又成一家之言，是实践美学的主要创立者和阐释者，对后来的中国美学发展影响深远。

二为20世纪70年代末到80年代的"深化时代"，他借助康德哲学，同时又对现实加以反思，深化并完善自己的哲学、美学体系，先后出版《美的历程》《华夏美学》《美学四讲》等书，在80年代不仅产生了重要的学术影响，同时也产生了超越于学术之外的不可替代的巨大的社会影响，由此奠定其美学大家、思想大家的地位。

三为20世纪90年代以后的“实践时代”，或非专业化时代，李泽厚很少再进行专业、系统的美学研究，但其美学维度并没有消失，而是全面融入他的文化之思之中，成为其文化实践的重要组成部分，他甚至将美学视为第一与未来哲学，由此可见李泽厚对美学的一往情深，亦显示出思想家深切的人文关怀与文化意识。

今日的李泽厚，一如既往地不断阐述其观点，尽管80年代那种文风气度都很难再现，不过，其提纲挈领的《己卯五说》《哲学纲要》等书中还可隐约见到那种思想的魅力。李泽厚是性情中人，性情随和恬淡，并不以写书作文为目的，在他出国后的晚年尤其如此。所出版专著或为提纲，或为对话、访谈，往往不拘一格，思想火花不时闪现，且自有特色。他旅居美国，且已退休，又入耄耋之年，的确不能要求他像专业人士一样进行专业化的学术生产。但作为一位影响时代的思想家，不管是历史，还是读者，对他还是有着期待的。他以往的美学书不断再版印刷，还有人不断地购买和阅读，他的思想也不断有学者在研究，这就是证明。

尽管几次预告“封笔”，不过人活着似乎可以因拿不动笔而“封笔”，但不会“封思”。李泽厚近来也不时有自己的文字问世，对于一位年已八旬的老者而言，已属难能可贵。他不是时代的旁观者，而是见证者。李泽厚既是一个时代的象征，又是一种思想的象征，只是时代可以变迁，而真正的思想却可以有着更长久的生命。

2012年4月29日初稿于拉萨

2015年9月18日再稿于北京大学

第一章 历史语境

一、早年经历与思想生发

李泽厚的早年经历并不幸福，亦不幸运。

李泽厚 1930 年 6 月 13 日（农历庚午年五月十七日）上午 10 时 20 分生于武汉。从古老的生肖文化上说，李泽厚属马，有天马行空的个性特征，所以思想上李泽厚可谓全面开花，但他为人又比较内向，在生活上一直很单纯低调。从流行的星座文化来说，李泽厚属双子座，双子座崇尚无拘无束，对世界充满好奇，与李泽厚那广博的学识和研究领域似有几分暗合。

>>1931 年初，李泽厚 8 个月照，对李泽厚而言，生命即是选择

李泽厚虽然生于武汉，但他原籍是湖南省长沙市宁乡县道林镇。3 岁时，他随家回到长沙。李泽厚的父亲名李进，大学预科，他通过努力考入邮政局做事情。

李泽厚的祖父有很多钱、很多地，到他父亲时就什么都没了。不过，由于当时李泽厚父亲在邮局任职，薪金优厚，一个月有 200 多银元。李泽厚保留着一个账本，他们家花钱很大方，到月底不剩什么钱。李泽厚很小就吃过巧克力、烤鸭之类。父亲带给他的不仅是优越的家庭环境，还有那严厉的家教，李泽厚的父亲曾作诗《书示厚儿》：

潦倒谁于邑，谋生哪自由。
韶华过似箭，期望渺如钩。
身世两同恨，乡心一样愁。
壮怀终是梦，有负少年头。

但是 1942 年父亲病逝，家境急转直下，“顿陷困境”，12 岁的李泽厚就尝到了生活的艰辛。这同《红楼梦》中的贾宝玉有几分相似，或者说是和鲁迅相同。经历了家庭变故之后，李泽厚对世界的看法也发生了很大变化：“对

>>1936 年李泽厚全家福(从左至右:母亲、弟弟、祖母、二姑、李泽厚、父亲)

世界的看法比较理性,世态炎凉,人情冷暖。"李泽厚从中深切地体验到了世间的冷暖,"我更深感触的与其说是残酷,不如说是虚伪,人情冷暖中的虚伪,所以我最恨虚伪。"①

同样在这一年,李泽厚遭遇到他生命中的第一次"精神危机":"十二岁的那年,我走到一个小山头上看见山花烂漫、春意盎然时,突然感到我是要死的,那一切还有什么意义呢?因此曾非常'悲观'地废学三天。这大概是我后来对哲学——追问人生之谜感到兴趣的最初起源,也是我的哲学始终不离开人生,并且把哲学第一命题设定为'人活着'而对宇宙论、自然本体论甚至认识论兴

①李泽厚著:《李泽厚近年答问录》,天津社会科学院出版社 2006 年版,第 62—63 页。

趣不大的心理原因。小时候，我对数学、考古、写小说都发生过兴趣，有过把它们作为自己毕生追求的意愿。但终于选择了哲学。”[①]也许从12岁开始就命定地归属于哲学似乎过于神奇了，但哲学起于对生死的思考，对任何人而言都是一样的，只是有些人将这种思考贯穿一生，而其他人则没有。

除此之外，早年李泽厚对文学情有独钟。“最早（十岁前）对我有影响的一批书是中国武侠小说：什么定身法，什么鼻孔里哼出两道剑光……即使荒诞，其中也有一些颇能满足儿童的想象愉快的东西。”[②]稍后，开始接触鲁迅的著作。“记得是上初中的时候，就喜欢鲁迅的书，不大懂也硬着头皮看，而且越看越有味，似乎从中可以悟出些什么道理来。”[③]“也许我读鲁迅的书为时过早，但确乎对我影响至深。不但鲁迅刚韧、顽强的一面，而且他作品中孤独、悲凉、沉重的一面（没有这一面便不是鲁迅），在我性格、情感、思想、兴趣上，留下了明显的痕迹。读鲁迅的书使人深刻，使人更严肃地面对人生。”[④]一个年纪轻轻的少年，能对鲁迅感兴趣，这无疑说明李泽厚内心深处有与鲁迅契合的地方。可以说，鲁迅是李泽厚少年时代的人格导师。

初中的李泽厚还很喜欢冰心。“鲁迅叫我冷静地、批判地、愤怒地对待世界；冰心以纯真的爱和童心的美给我以慰藉与温暖”，而这两点同美学关系极为密切。李泽厚认为，搞美学最好具备“清醒的思辨能力”和“比较敏锐的感受能力”[⑤]。而李泽厚“那个孤独的、清醒的、感伤的少年时代”或许是他非此不可热爱美学的原因。鲁迅的批判与冰心的情感恰恰可以结合在情与理相统一的美学中。在80年代，李泽厚对鲁迅的赞誉和对朦胧诗的肯定大

---

①李泽厚著：《实用理性与乐感文化》，三联书店2005年版，第357页。
②李泽厚著：《走我自己的路（杂著集）》，中国盲文出版社2004年版，第19页。
③李泽厚著：《走我自己的路（杂著集）》，中国盲文出版社2004年版，第81页。
④李泽厚著：《走我自己的路（杂著集）》，中国盲文出版社2004年版，第19—20页。
⑤李泽厚：《走我自己的路》，见《走我自己的路》，三联书店1986年版，第1—2页。

抵可以视为对早年心性的一次重温。

在湖南宁乡靳江中学(今宁乡四中)期间(1942—1945),李泽厚"在这里读了不少课外新书,交了张先让、杨章钧、谢振湘等好朋友。还办过壁报,每期四版,刊名《乳燕》,小说创作占了大半篇幅"①。初中时代,李泽厚思想活跃,文艺上的兴趣也得到培养。他曾回忆,"记得当年十四五岁,并非学校要求,也未有老师指点,却非常热衷于读词和填词,特别是喜欢五代北宋词,当然还有一个南宋的辛稼轩"。在十四五岁的少年时代,李泽厚"带着忧伤和感慨,写过新诗和小说,模仿过艾青和艾芜,也填过'凭栏欲向东风恼,莫笑年华早''无言独自倚危楼,千里沉云何处放离忧'之类的词。一半可能是无病呻吟,一半也有真实性"②。

1945 年初中毕业后,李泽厚"考上了当时湖南最著名的省立一中,却因没钱入学,只好进了吃饭也有公费补助的省立第一师范"。到高中阶段,李泽厚在思想上比较早熟,对当时的思想斗争有自己的看法。当时湖南一师的气氛是保守的,李泽厚后来回忆说:"当时进步学生运动开始风起云涌,时局也日趋动荡,学校却保守到连《大公报》之类小骂大帮忙的报刊都少见。我只好每星期天过河,在城里的书店站上一整天,饿着肚皮贪婪地翻阅着各种杂志、报纸和书籍,这其中的主要读物就是哲学社会科学方面的新书。正是在这种大量阅读和比较中,我选择了马克思主义。所以,我的一些马列基本知识,是在书店里站着读、在课堂上偷着读得来的(我故意选择靠最后的排次,上课时我也可以偷看自己的书),有好些是'禁书',是冒着一定的危险来读的。也许正是因为这样,比被动灌输的东西印象要深得多。并且,在这种阅读中,自己逐渐

---

①李泽厚著:《走我自己的路(杂著集)》,中国盲文出版社 2004 年版,第 43 页。
②李泽厚著:《走我自己的路(杂著集)》,中国盲文出版社 2004 年版,第 2 页。

培养和增强了判断是非和独立思考的能力。应该说,这对我后来的研究工作起了很大的作用。我不喜欢人云亦云的东西,不喜欢空洞、繁琐的东西,比较注意书籍、文章中的新看法、新发现,比较注意科学上的争辩讨论……这恐怕都应追溯到自己那个贫困、认真、广泛阅读的青年时期。”①

环境越是保守,越是有所限制,李泽厚越是去探索。“当时,是在第一师范读书,思想是越来越左,醉心于《西行漫记》《历史哲学教程》之类的书,自以为革命正宗,根本瞧不起储安平和《观察》。”②“四十年代后期以来马克思主义哲学在严格被禁的白色恐怖下,对我反而更有吸引力。当时倾心革命,想穷究原理,于是由毛泽东而马克思,由马克思而黑格尔,而希腊,而其他。”③一个热爱读书、追求思想进步的少年形象跃然纸上。

对马克思主义的信仰,使李泽厚开始倾向共产党,他曾冒着生命危险传送过毛泽东的油印文告等,还曾试图组织一些学生运动,但均未成功。不过,少年终归是少年,很多思想都未及深入,“尽管思想激进,自己的‘小资’情感却仍然非常浓厚,有着各种各样朦胧的憧憬和期待,期待着钟情、恋爱、欢欣……,可又什么也没真正发生和得到。”④

这一时期,李泽厚对社会科学的书籍很是着迷,“我在高中最后一个时期对哲学发生兴趣,因为我在思考人生的意义,哲学是研究人生最根本的问题,人从什么地方来,要到什么地方去,有没有上帝等等。”⑤

但是,当时的思想氛围对李泽厚并不有利,正是由于在读师范时期的类似“革命”的经历,思想激进,被学校冠以“危险分子”,毕业后他便失业了。

---

①李泽厚著:《走我自己的路(杂著集)》,中国盲文出版社2004年版,第2—3页。
②李泽厚著:《李泽厚集·杂著集》,三联书店2008年版,第401页。
③李泽厚著:《走我自己的路(杂著集)》,中国盲文出版社2004年版,第425页。
④李泽厚著:《李泽厚集·杂著集》,三联书店2008年版,第401页。
⑤李泽厚著:《走我自己的路(对谈集)》,中国盲文出版社2004年版,第92页。

在从湖南省立第一师范毕业的时候,李泽厚给同学毕业赠言说:“不是血淋淋的斗争,就是死亡 —— 敬录 KM 语赠别本班同学。”(按:KM 即卡尔·马克思)可见当时李泽厚对马克思的敬仰。

1949 年,李泽厚的母亲病逝,更加重了李泽厚生活的艰辛。[①] 李泽厚的母亲名陶懋枏,她的人品、风范对李泽厚影响极大。“母亲讲的‘只问耕耘’的话语和她艰苦奋斗的榜样,则教我以不求功名富贵,不怕环境困苦,一定要排除万难去追求真理的决心和意志。”[②]“我母亲很重感情,而看轻名利地位,我这一辈子不想做官,也坚决不做,可能与她对我的影响有关系。”[③]80 年代,李泽厚在学界如日中天,但他没有担任什么行政职务,和如今学界的“学而优则仕”可谓天壤之别。

李泽厚的父亲去世后,“家境顿陷困境”,母亲靠着小学老师的收入“惨淡经营,备尝艰苦,勉强送我兄弟二人上学。……我们贫困的母子三人,冷冷清清,相依为命”[④]。这更加重了李泽厚对生命、对母亲的感激之情。因此,当母亲去世时,李泽厚恰不在身边,未能送母亲一程,“到现在都是我人生最痛苦的事,过去好多年了还是那么地痛。”“提到母亲我很愧疚,我不孝顺,她去世的时候我并没有在她的身边,我不孝顺。我那个时候正好是失学又失业……她死在外地……等我赶过去,人已经入土了……我没能见她最后一面,她是死不瞑目的。”[⑤]后来,李泽厚兄弟二人还在宁乡四中设立了“陶懋枏奖学金”以纪念母亲。

1949 年,对一个国家而言是新的开始,对李泽厚而言,也是如此。李泽

---

①详细经历可参考王生平著:《李泽厚美学思想研究》,辽宁人民出版社 1987 年版。

②李泽厚著:《走我自己的路(新订版)》,台湾三民书局 1996 年版,第 3 页。

③李泽厚著:《李泽厚近年答问录》,天津社会科学院出版社 2006 年版,第 61 页。

④李泽厚著:《走我自己的路(杂著集)》,中国盲文出版社 2004 年版,第 1 页。

⑤李泽厚著:《李泽厚近年答问录》,天津社会科学院出版社 2006 年版,第 61 页。

厚说，决定了他一生性格的就是那个时期。李泽厚的少年经历很是坎坷，不到20岁便失去双亲。尽管失去了亲人，但李泽厚是很有责任感的人，他担负起照顾弟弟堂妹的责任。新中国成立后到1950年上半年，李泽厚担任宁乡县道林镇麟峰完小历史教师。1950年秋，李泽厚考入北京大学哲学系。在北大，李泽厚从来不买牙膏，用盐刷牙，每个月3块钱的补助攒下来资助正在上中学、父母双亡的堂妹。

北大哲学系1950级哲学专业共37人，其中仅少数人在哲学界有成就，李泽厚则是其中的佼佼者和代表人物。李泽厚是新中国成立后招收的第一批哲学专业大学生，其特点就是，马克思主义哲学作为课程开始大规模地进入他们的思想世界。但是，李泽厚却没有上多少课，主要是老师们忙于自我

>> 1951年，青年李泽厚（右）与赵宋光（1949年入北大，音乐理论家，曾任广东星海音乐学院院长）是一对相互切磋的学友，“人类学本体论”即二人商拟之结果

>> 晚年李泽厚，墙上为冯友兰先生所赠对联

批判，没能开课。此时李泽厚钻研了“马列的原著”，“读第一手材料”①，为以后的研究奠定了基础。李泽厚对马克思主义的兴趣和研读不是始自大学，也并非由外在灌输，而是自我思想的一种选择。

从客观条件来说，当时李泽厚这一批大学生有着优厚的教育条件，在大师云集的北大，思想的碰撞、汇流是难得的历史机遇，可惜造化弄人，李泽厚和当时的名家并无多少联系，唯一联系较多的是冯友兰。冯友兰对李泽厚

①李泽厚：《读书与写文章》，见《走我自己的路》，三联书店1986年版，第9页。

赏识有加，二人的关系也较为密切，往来较多。冯友兰后来在 1986 年还专门赠李泽厚一副对联：“西学为体中学为用，刚日读史柔日读经。”这两句话原为“中学为体西学为用”（张之洞语）和“刚日读经柔日读史”（曾国藩语），冯友兰反用其意于李泽厚，恰表明了李泽厚在思想把握和定位上的与众不同，即随机而变，其用无穷。

除了冯友兰，在北大时任继愈也给了他很多照顾。李泽厚说：上大学时是个穷学生，身体也不大好，任先生每个月都资助我一些钱。70 年代的时

>> 哲学家任继愈先生，李泽厚唯一保持长久联系的老师

候，任继愈还把李泽厚调过去进行《中国哲学史》的写作，这是对李泽厚学术能力的认可。任继愈先生成了李泽厚多年后惟一保持联系的老师。李泽厚每次回国，别的地方可以不去，但一定要去看望任继愈先生。2009 年，任先生去世时，李泽厚为错过之前一次探望机会深感遗憾。当时他在美国接受电话采访时曾说："和国内联系的一条线断了。"可见李泽厚对任继愈先生的深厚感情。

由于早年家境衰落，李泽厚的身体不好，进入北京大学的时候就患有结核病。这个病在大学中治好了，但是到毕业时又犯了，咳血咳得厉害。当时他本来可以留校，但由于各种原因而未能成行，因为这个病，上海方面也不接收李泽厚，在北大滞留了一段时间后，直到 1955 年初才进入新成立的中国科学院哲学研究所（1977 年中国科学院哲学社会科学部另组为中国社会科学院），为实习研究员。这是李泽厚在国内任职时间最长的单位，经历了 20 世纪五六十年代的美学大讨论、80 年代的美学热，直到 90 年代以后旅居海外。

二、20 世纪中国美学进程

在我看来，与其讨论李泽厚本人的早年经历，不如讨论李泽厚置身其中的中国美学史语境更具有意义。美学本来就是一个西方的学科，中国自古并没有西方意义的美学学科。中国美学是一种现代学科知识的建构，现代中国美学是指现代中国形成的美学，与现代中国社会、审美现代性等相关。

美学进入中国是在 20 世纪初，在清末民初的高等学校的课程设置中即有"美学概论"。这不能不提王国维。王国维是现代美学的开端，运用现代西方哲学美学观点来研究文艺。王国维在引进美学和使用美学一词上虽然并非最早，但可以说是影响最大、最重要的一位美学家。一般看来，在 20 世纪初,美学在中国的传播主要基于美学同心理学、哲学的关系。

美学学科的建立大致在20世纪20年代。1921年,当时的北京大学根据蔡元培的建议,在哲学系设立了“美学”“美学名著研究”“西方美术史”等课程,还同时开始编写《美学通论》一书,惜未完成。但是,当时的北京大学却聘不到合适的人来承担教学工作,蔡元培就亲自讲授美学课:“(北大)没有人肯讲美学,十年(按:即民国十年,1921年,一说为1922年),我讲了十余次,因足疾住进医院停止。”[①]此后担任美学教学的是邓以蛰。他于1923年3月至1930年3月期间在北京大学哲学系讲授“美学”“美学名著研究”“西洋美术史”等课程。[②] 20世纪30年代以后,宗白华在东南大学、中央大学也上过美学等课程。由于蔡元培“以美育代宗教”的影响,民国时期的美学多数讨论和注重的问题是美育问题,美学的教学与研究也主要是在美育的平台和背景下进行的。可见,美学一开始就被赋予了巨大的精神价值。美学作为哲学的分支和代宗教的功能使美学秉有一种关切人生的人文精神。

对现代中国美学影响深远的思想主要是德国古典哲学、马克思主义、英国经验主义、美国实用主义(杜威)、德国存在主义(尼采)及各类现代主义等。这些都是先通过翻译而实现的。民国时期的美学著作的翻译不可忽视,在数量上不低于中国学者的美学著作,且具有更完备的体系性和理论性。如英国马歇尔的《美学原理》(上海泰东图书局,1922)、日本黑田鹏信的《美学纲要》(上海商务印书馆,1922)、意大利克罗斯(今译克罗齐)的《美学原论》(上海商务印书馆,1931、1934、1935)、苏联卢那卡尔斯基的《艺术论》(上海大江书铺,1929)与《实证美学的基础》(上海世界书局,1939)、俄罗斯车尔尼雪夫斯基的《生活

①蔡元培:《我在北京大学的经历》,见《蔡元培美学文选》,北京大学出版社1983年版,第206页。
②北京大学哲学系八十周年系庆筹备委员会编:《北京大学哲学系简史》,1994年版,第108页。

与美学》(香港海洋书屋,1947;哈尔滨读书出版社,1948;上海群益出版社,1949)等。这些国外美学著者只有克罗齐、车尔尼雪夫斯基、卢那卡尔斯基等人后来有着持续的影响,其他人则多已湮没不闻了。

1949年之后,特别是50年代和60年代前期,中国美学受到苏联美学的强烈影响,当时出版了大量苏联美学和马克思主义美学思想的著述,如别林斯基、车尔尼雪夫斯基、杜勃罗留波夫、普列汉诺夫,其中就包括马克思的《1844年经济学—哲学手稿》。当时美学主流话语是哲学唯物主义,通过系统展开对民国唯心主义美学的批判,确立马克思主义世界观和方法论对美学研究的指导地位。这一点当然不单是"美学大讨论"的结果,而是由整个意识形态及社会历史状态所决定的。到了新时期,随着社会氛围的日益开放化,学术空气的自由和宽松,一种更为多元化的美学研究在中国出现了。

20世纪90年代以后的一个突出现象是,后现代主义思想全面进入中国,这就对现代中国美学造成了冲击。后现代主义的破除权威、排斥整体、拒斥中心、否弃价值的边缘文化立场提供了一种重估历史、再造文明的契机,但其对理想、价值等的否定不期然使自己深陷虚无主义的泥淖之中,这却是其始料不及的。作为与西方具有不同意识形态、文化—心理结构、经济基础的国家,中国要选择自己的中国化自主创新的发展道路,美学研究亦不例外。

三、七代美学家踪迹

在整个20世纪,美学学者大致可以分为七代。第一代生于19世纪90年代之前,有蔡元培、王国维、鲁迅等人,他们传统修养深厚,在面对社会巨变的时候,他们既感传统不足,又很难在某一确定的领域寻到人生的立场,蔡元培强调美育，王国维自尽，鲁迅弃医从文，都表现出一种对人生意义和价值的思考。在美学上，他们在辛亥前后已经有系统的美学看法，但他们都不是以美学为终身主要研究对象的学者。

第二代生于19、20世纪之交，有陈望道、邓以蛰、吕澂、朱光潜、宗白华、许杰、黄药眠、蔡仪、王朝闻等人。他们浸染传统文化，又经历五四新文化，美学活动及成名时期多在20、30年代以后。其中最著名、著述最多的是吕澂。吕澂是近代西方哲学和美学传译史上的关键人物之一。他编著有《美学概论》（上海商务印书馆，1923）、《美学浅说》（上海商务印书馆，1925）、《现代美学思潮》（上海商务印书馆，1931）等书。20年代，陈望道说："国人研究美学者很少；除蔡元培外，尚有吕澂，算于美学还有研究。"[①]当然，陈望道没有关注到王国维、鲁迅等早期的美学活动。这一代对后世影响最大的是朱光潜和宗白华。但两位在理论界影响的时间并不一致。朱光潜很早就以理论家的身份成名，在20世纪30、40年代，他就出版了《谈美：给青年的十二封信》（上海开明书店，1931、1937、1938、1940、1941、1944、1946、1948）、《悲剧心理学》（1933，英文版）、《文艺心理学》（上海开明书店，1936、1937、1945、1947）、《诗论》（重庆国民图书出版社，1943；上海正中书局，1948）等美学论著。而宗白华更多的是一位诗人，虽写有理论文章，但多不以体系为目的，其《艺境》一书原定在1948年出版，最后也因多种原因未能问世。在"美学大讨论"中，朱光潜身处争论的中心，宗白华也参加了讨论，但只是边缘。宗白华的第一部专著《美学散步》（上海人民出版社）的出版已是1981年了。当时得美学热的东风，宗白华才日益得显其独特的精神意义。

---

①陈望道：《美学纲要》，见《陈望道文集》第1卷，上海人民出版社1979年版，第455页，原载1924年7月15日、16日《民国日报》副刊《觉悟》。

第三代生于“五四”前后，有洪毅然、吕荧、蒋孔阳、马奇、敏泽、杨辛、周来祥等。他们经历战火纷飞的岁月，除少数年长者在30年代有影响外，[①]其美学活动多在20世纪50年代以后。

第四代生于30年代，有鲍昌、于民、刘纲纪、李泽厚、叶秀山、高尔泰、李醒尘、叶朗等。从年代划分上说，他们的美学活动应该在20世纪60、70年代以后，但由于历史的原因，他们中间的少数人在50年代崭露头角，大部分则到新时期才成为学界主力。

第五代生于40年代，比李泽厚一代要晚，他们没有条件参加五六十年代的美学活动，不过多数受过实践美学的影响，有的还是李泽厚的学生和坚定支持者，如刘再复、滕守尧等。

第六代生于50年代，其特殊性在于，他们亲身参与80年代的思想文化发展，是80年代的主力军。他们既有对李泽厚的批评、超越，也有对李泽厚的扩展、深化，所谓的后实践美学主要由这一代学者掀起，他们有的人在80年代即影响一时，其思想成型及广泛影响在90年代以后。

第七代生于60年代，在思想氛围上与第六代有接近之处，都接触着、体会着80年代，但区别在于，他们耽搁的时间不长，学习于80年代，思想成型则多在90年代末期以后，在21世纪初影响逐渐扩大。

按代际划分身份的话，其中前两代主要是民国学者。第三、四代主要是新中国十七年学者，其中第三代少数人在民国后期其美学活动就已开始。第五、六代主要是新时期学者。第七代则主要是后新时期和新世纪学者。后三代的学者其美学活动还延伸至21世纪。整个20世纪的美学大起大落，但美学始终吸引着人们。不断有年轻人加入这个领域，这不仅是由于美学

①洪毅然著：《艺术家修养论》，罗苑座谈会（杭州）1936年版。

学科，更因为美学本身所具有的生命意义和社会价值。

四、李泽厚与中国美学学派

粗线条的代际划分可以看出美学的社会性变迁与主体性变异。社会变迁可以使某些人提早进入历史，而有的则相反。20 世纪的中国美学家，或集中涌现，或零零星星。但是，能够在五十年内都有影响力的学者并不多，其中就有李泽厚。李泽厚首先是以朱光潜、蔡仪等人的论争对手的身份出现在中国美学舞台上的。

>>2004 年，李泽厚出席在北京第二外国语学院举行的“实践美学的反思与展望”研讨会，在会上李泽厚正式承认自己是“实践美学派”

发生于20世纪50年代中期至60年代中期的美学大讨论，可谓空前绝后，参与此次讨论的人员近百位，发表的论文有300多篇，还出版了6册《美学问题讨论集》。整个美学讨论的学术起因在于朱光潜发表了他的《我的文艺思想的反动性》一文，①主要对其艺术即直觉、移情说、距离说、形式主义、人民性等所谓唯心主义美学加以反思批判。② 此文的性质存在着自我思想的歪曲，其学术性是大打折扣的。此次美学讨论并非完全是学术意义上的，政治批判、思想改造等因素比较明显。③

上述讨论主要集中在美的本质问题上，即美究竟是客观的还是主观的，由此形成了不同的派别，但对派别的描述却并不一致。

一是划分为四大派，但四派的称呼也不同。当时的看法有：美是主观、美是客观、美是主客观的统一和美是物的客观社会属性。④ 李泽厚分为：主观派（高尔泰）、“静观的机械唯物论的反映论”（蔡仪，也可称为客观派）、“主客观统一论”（朱光潜），李泽厚对自己并没有立派，倒是朱光潜称之为李泽厚派。⑤ “文革”后有这样的看法：朱光潜的客观（唯心主义）派、高尔泰的主观（唯心主义）派、蔡仪的唯物主义派和李泽厚的实践派。还有一种看法是，朱光潜的主客观统一派、高尔泰的主观派、蔡仪的客观派和李泽厚的实践派⑥。二是划分为三大派，即主观派、客观派与主客观派。三是划分为两

---

①朱光潜：《我的文艺思想的反动性》，载《文艺报》1956年6月第12期。

②在《我的文艺思想的反动性》一文中，朱光潜用“一盘唯心思想的杂货摊”来概括自己的美学思想。

③据张荣生《记上个世纪五十年代的美学大讨论》（载《中华读书报》2012年2月1日）一文，对朱光潜美学思想的批判从1949年10月就开始了，甚至可以追溯到新中国成立前左翼作家对朱光潜的批判。

④杉思：《几年来（1956－1961）关于美学问题的讨论》，见《美学问题讨论集》第六集，作家出版社1964年版。

⑤李泽厚后来说，“他们（指吕荧、高尔泰）的理论，从系统和思辨的广度和深度上，都难构成一派，而且引述他们理论观点的人也不多”。《〈美的历程〉：李泽厚访谈录》，载《文艺争鸣》2003年第1期。

⑥李丕显著：《实践美学论辩》，中国文联出版公司2001年版。

大派，即认识论派和实践派，将朱光潜、蔡仪、高尔泰等划分为一派。其他还有唯心主义与唯物主义、马克思主义与非马克思主义的划分。无论如何划分，李泽厚都是五六十年代美学派别中有着重要影响的美学家。

“文革”结束后，美学上的争论延续了五六十年代的线索，可以视为美学大讨论的余波。70年代末，蔡仪发表了一篇长文《马克思究竟怎样论美?》批评所谓的“实践观点的美学”，又一次把矛头指向了李泽厚和朱光潜。① 文章问世后，迅速在美学界引起了反响，与李泽厚年龄相近的一批青年美学家提出了自己的看法。② 当时争论的焦点集中在如何评价马克思的《1844年经济学—哲学手稿》上。《手稿》的主要观点是马克思早期的人本主义，是关于人的自由发展的思想，有别于一般的唯物主义。实际上，历史已从抽象的美的本质的争论进入了以人性自由为标志的“美学热”时代，《手稿》既是美学热的理论先导又是理论依据。随着《手稿》成为中国当代美学经典，李泽厚也进入其学术影响的鼎盛时期。

进入80年代之后，四大派别代表人物的影响力表现不一，只有李泽厚的影响力空前扩大，朱光潜、蔡仪、吕荧、高尔泰等均因年龄、思想的历史性及个人经历等因素没有对整个80年代产生持续性的影响。80年代的中国美学主要是实践美学，强调主体性、社会性、文化性和价值论，区别于以往的意识形态美学、反映论美学（认识论美学）。进入90年代之后，如日中天的李泽厚迅速淡出美学界，而美学的时代主题也从实践美学走向了所谓的后实践美学。后实践美学在80年代已有表现，在90年代尤为活跃。后实践美学内容比较复

①蔡仪：《马克思究竟怎样论美?》，载《美学论丛》第1辑，中国社会科学出版社1979年版。

②如刘纲纪（《关于马克思论美——与蔡仪同志商榷》，载《哲学研究》，1980年第10期）、朱狄（《马克思〈1844年经济学—哲学手稿〉对美学的指导意义究竟在哪里? ——评蔡仪同志〈马克思究竟怎样论美?〉》，载《美学》第3期，1981年）、陈望衡（《试论马克思实践观点的美学——兼与蔡仪先生商榷》，载《美学》第3期，1981年）等学者对蔡仪的观点加以批评。

杂，包括各类的生命美学、体验美学、存在美学、形式美学等，与当代西学关系密切。后实践美学主要是对实践美学的超越，更加强调个体性、体验性、超越性，从广阔的人文文化空间进入个体精神世界或符号世界。

李泽厚淡出美学界，有多重缘由和意义，既涉及整个20世纪中国美学的转换，也涉及对李泽厚的美学思想发展的总体评价。作为20世纪最重要的美学家之一，在美学的历史谱系上，李泽厚究竟有何贡献、具有怎样的意义等问题，是我们必须面对并作出回答的。

第二章 学术起步

李泽厚在1957年出版《门外集》（长江文艺出版社）的时候，曾自谦地认为自己是站在美学的门外，但事实上他已经是青年美学家了，此后更成为独树一帜的人物。李泽厚在五六十年代的出现可用“崛起”来形容。五六十年代是他命运转折和锋芒初露的年代，而此时他不过是30岁左右的青年人而已。

一、李泽厚的崛起

李泽厚具有充沛的思想爆发力。

从1955年到1957年的两年间，李泽厚发表思想史（主要是近代思想史）论文9篇。[①] 其中关于谭嗣同、康有

①李泽厚：《论康有为的〈大同书〉》（载《文史哲》1955年第2期，该篇论文是李泽厚的第一篇学术论文，他当时是北京大学一名刚刚毕业的学生）、《谭嗣同研究》（载《新建设》1955年第7期）、《十九世纪改良派变法维新思想研究》（载《新建设》1956年第4、5期）、《论康有为的“托古改制”思想》（载《文史哲》1956年第5期）、《论孙中山的民族主义与民权主义》（载《中国青年报》1956年11月12日、13日）、《论孙中山的民生主义思想》（载《历史研究》1956年第11期）、《论孙中山的哲学思想》（载《科学通报》1956年第12期）、《论康有为的哲学思想》（载《哲学研究》1957年第1期）、《〈大同书〉的评价问题与写作年代》（载《文史哲》1957年第9期）。

为的论文结集为《康有为谭嗣同思想研究》一书出版(上海人民出版社,1958年)。

1955年到1965年的10年间,李泽厚发表美学、文艺理论论文16篇,[①]在这一段时间写作而到后来才发表的美学论文还有3篇。[②] 其中1955年至1957年的论文以《门外集》为题结集出版。

李泽厚从25岁到35岁,共写作和发表论文30余篇,出版专著两部,在那个思想运动频繁的年代,这似乎是难以想象的,也是难能可贵的。

---

①李泽厚:《关于中国古代抒情诗中的人民性问题》(载《光明日报》1955年6月19日、26日)、《论美感、美和艺术——兼论朱光潜的唯心主义美学思想》(载《哲学研究》1956年第5期,该篇论文是李泽厚正式参加美学大讨论的标志性论文)、《谈李煜词诗论中的几个问题》(收入《门外集》,长江文艺出版社,1957年)、《美的客观性与社会性——评朱光潜、蔡仪的美学观》(载《文艺报》1957年1月9日)、《"意境"杂谈》(载《光明日报》1957年6月9日、16日)、《关于当前美学问题的争论——再论美的客观性和社会性》(载《学术月刊》1957年第10期)、《论美是生活及其它》(载《新建设》1958年第5期)、《论形象思维》(载《文学评论》1959年第2期)、《以"形"写"神"》《山水花鸟的美》(载《人民日报》1959年7月14日)、《美学三题议——与朱光潜同志继续论辩》(载《哲学研究》1962年第2期)、《虚实隐显之间》(载《人民日报》1962年7月22日)、《略论艺术种类》(载《文汇报》1962年11月15日、16日、17日)、《典型初探》(载《新建设》1963年第10期)、《审美意识与创作方法》(载《学术研究》1963年第6期)、《帕克美学思想批判》(收入《美学原理》,商务印书馆,1965年)。

②李泽厚:《〈新美学〉的根本问题在哪里?》(1959)、《关于崇高与滑稽》(1959、1963)、《英美现代美学述略》(1964),见《美学论集》,上海文艺出版社,1980年版。

李泽厚具有广阔的学术空间和敢于论辩的学术勇气。他主要的论辩对手是朱光潜和蔡仪,他们都是成名成家的学者。如果做一比较的话,在文风与思维的缜密上,李泽厚的确是略胜一筹。在对具体概念、命题的辨析上,他都较为细致深入,其论著也给人一种锋芒毕露的感觉。当然,其中也有简单化的倾向。在我看来,学术生产有两种方式,一是对话、论辩式的,一是凝思、自我式的。前者往往有多种观点同时出现,而后者主要针对某一问题做深入挖掘,反对观点不多。前者的优点是针锋相对,观点明确而单纯;后者的优点是层层深入、全面展开,将某一问题的来龙去脉加以追踪厘清。不过,它们的优点也是缺点,即前者往往对同一问题的相关内容来不及全面展开,而后者的缺点就是由于没有反方和质疑的声音,显得独语而缺乏互动、共鸣。真正的学术不完全是论辩式的,也不完全是自我式的,而是二者的结合。当可以论辩的时候,就淋漓尽致地发挥,当可以独思的时候,就透彻明晰地分析。五六十年代的美学大讨论属于第一种。李泽厚在这一时期的美学研究兼有两种方式,并非纯粹论辩式的。

从年龄上说,李泽厚并不是当时最年轻的一位(最年轻的是高尔泰,1957 年发表《论美》的时候才刚刚 21 岁),但却显示出朝气勃发的思想锋芒和潜力后劲。如果前面一点(论著)侧重的是“量”大,另一个侧重的是“质”高(与高手对话),那么这一点侧重的就是其特殊的身份。中国 20 世纪第一代美学学者在 1949 年以后多已作古,当时参加美学讨论的主要是第二、三代美学家。第四代美学家除李泽厚外,还有鲍昌(1930—1989)、高尔泰(1935—)等,高尔泰是当时年龄最小的,应该说他们是比较早熟的一批。①

①参加美学讨论或当时美学活动(如编写《美学概论》等)的第四代美学家还有于民、叶秀山、朱狄、刘纲纪、李醒尘等。

客观上说，由于代际身份的特殊，使得第四代美学家有可能在经过20年后成为新时期中国美学的领军人物，而有些人则因年龄或其他原因而退至历史的后台，如鲍昌、高尔泰等人并没有在80年代引起持续性的接受效应。尽管主观论美学对80年代的思想解放意义更为特殊，但当时其理论仍显匮乏和单一。李泽厚在80年代获得学术地位的原因之一在于他本身学术的宽度和思想的稳健。如鲍昌主要是一位文学家，而不是美学家。高尔泰则因《论美》（载《新建设》1957年第2期）一文在美学大讨论期间便被劳动教养，"文革"中又遭强烈批判，且80年代的复出也多坎坷。主观论美学（体验、生命等）的主要接续和拓展者是新时期一代的美学学者。

李泽厚是思想（哲学）史家和美学家，这使得他的美学有着思想史的厚度与广度。李泽厚在50年代中期（1955—1957）集中研究了中国近代思想史，其后又开拓中国古代、现代思想史，可谓打通了历史。在美学方面，50年代中期至60年代前期已广涉美学基本理论、审美意识史、古代美学、西方美学。虽然李泽厚的第一篇论文是思想史论文，但其主攻为思想史和美学。人们对李泽厚的印象往往是一位美学家，这大概在于美学讨论将李泽厚的美学家形象强化了。实际上，与前几代美学家不同的是，李泽厚的美学成就很大程度上得力于其哲学根基和思想史视野的优势。如果没有哲学专业的训练，其行文的论辩性、逻辑性是无法保证的，他的崛起也就很困难。另一方面，如果没有思想史视野的支撑，其《美的历程》《华夏美学》《实用理性与乐感文化》等也是无法想象的。

二、声名远播的无奈

李泽厚自从北京大学毕业并介入学术界以后，共遇到两次变故。

>> 1954 年毕业时，在北京大学西门留影，此时正望断天涯路

一是迅速成为名人。这个名气还挺大，都传到国外了。“那时我的文章影响还蛮大的。五十年代我就收到过称我为教授的外国学者的来信”，“我这个人不大张扬。……失败感很强，成功感少，自我感觉并不良好。我发表文章不大和人说，包括当时（五十年代）东德、苏联或翻译或提及我的文章，单位里没有任何人知道。苏联的汉学家头头齐赫文斯基著作中提及了我，还给我寄来了书，他们也都不知道。……这样，‘文革’时就没有人‘揭发’，我没有因这些事挨批……不然说你与‘苏修’有来往勾结，那还了得。”①

在国内却是另一番景象。“……但在那种环境之下，即使如此也评不上职称的。……当时我只是实习研究员，相当于大学助教，所以对我心理压力很大，我发表文章不是感觉很高兴，而是感觉很惶恐，是反而抬不起头。老干部他们发表不了文章……所以那给我压力很大，我只能非常谨慎、非常小心。但还有人说我自高自大，见到人不是抬着头就是低着头。”②一个年纪轻

①李泽厚著：《李泽厚近年答问录》，天津社会科学院出版2006 年版，第 65 页。
②李泽厚、陈明著：《浮生论学》，华夏出版社 2002 年版，第 98 页。

轻的人发了这么多有影响的文章，肯定会让周围人刮目相看，不过大多数是不信任、不服气的。“因而环境压力更大了，‘白专’之类的非议颇多。”①

成为名人有时也给李泽厚带来一些意外。因为年纪和名气“不成比例”，据说他去一些地方演讲，刚一走上讲台下面就响起一阵“好年轻啊”的窃语。有一次讲完散场，人都快走空了，还有几个女生在那里发呆。等他走过去，她们却一下散了，就像突然醒来一样。如今的年轻人恐怕很难享受李泽厚这般经历，至少发表文章的稿费不会给你，说不定还收取高额的版面费呢。还有，在学术体制化阶段，要想爆大名也已经不可能了。

不过，当代年轻学子也不必过分自卑，毕竟我们还有比李泽厚优越的条件。李泽厚在获得名利的同时，噩运已经紧紧盯上他了。由于李泽厚的名气太大，所以招致很多非议，“下放劳动和工作，我在单位中大概是时间最长的一个。因此身体上、精神上所受的创伤折磨所在多有。”②

二是经济状况得暂时的改善。在1950年代，他发表了两篇长文。“当时是1000字15块钱，两篇加起来刚好1000元。一篇发在《哲学研究》，一篇发在《历史研究》。”据李泽厚说，有一个很短的时期，对钱有一种报复心理，收到稿费就花，以至于有个朋友说他“挥金如土”。

不过名也罢利也罢，对李泽厚而言都是身外之物。“我坚守自己的信念，沉默顽固地走自己认为应该走的路。毁誉无动于衷，荣辱在所不计。自己知道自己存在的价值和意义就是了。”③实际上，在社会场域当中，最重要的是寻找到自己的人生皈依之所，其他浮名虚利不过如浮云一般。

---

①李泽厚著：《走我自己的路（杂著集）》，中国盲文出版社2004年版，第3页。
②李泽厚著：《走我自己的路（杂著集）》，中国盲文出版社2004年版，第3页。
③李泽厚著：《走我自己的路（杂著集）》，中国盲文出版社2004年版，第3页。

三、恬淡的交游

李泽厚与朱光潜、蔡仪、高尔泰虽为对手，但私下里的交往并未断绝。

李泽厚批评朱光潜的文章曾引起了一些著名学者的关注："发表之前，有人拿给《人民日报》，编辑看了说，你写一篇短的吧。于是，我就写了一篇短文章，就是那篇长文章中的要点。那篇长文章是油印稿，送给一些人看过，其中有贺麟。贺麟看了以后，又送给朱光潜看。贺麟告诉我说，朱光潜给他写了一封信，说在批判他的文章中，这一篇是写得最好的。贺麟把那封信给我看了。我很感动，因为那时年轻嘛。大家批判朱光潜，都要给他扣一大堆帽子，什么反动、腐朽、资产阶级，我也扣了不少，但好些人的文章没有讲什么道理。我这篇文章之所以受到朱光潜的称道，大概是因为我讲了一点道理，提出了自己的一些看法。我当时感觉，批判人家并不难，说人家这不是，那不是，很容易，难的是你能否提出正面的意见。"①

虽然朱光潜是李泽厚的主要对手，但私交一直不错。"文革"期间，李泽厚还多次拜访朱光潜。"在'文革'中，去看过他几次。我们只叙友情，不谈美学。聊陈与义的诗词，谈恩斯特·卡西尔……虽绝口不涉及政治，但我当时那股强烈的愤懑之情总有意无意地表露了出来。我把当时填的一首词给朱先生看了，朱先生却以'牢骚太盛防肠断'来安慰、开导我。"②

在美学大讨论的论战中，李泽厚曾拜访蔡仪。"记得 1957 年初，我的那篇文章（按：指《美的客观性和社会性——评朱光潜、蔡仪的美学观》）刚刚在

①李泽厚著：《走我自己的路（对谈集）》，中国盲文出版社 2004 年版，第 440 页。
②李泽厚著：《走我自己的路（杂著集）》，中国盲文出版社 2004 年版，第 46 页。

《人民日报》上发表时，当时一些人想要蔡仪到哲学所来，我很赞成，我为此去找过他。因为蔡仪是老革命、老党员，是马克思主义者，年纪也比我大很多。我当时拜访蔡仪，他板着脸，不高兴的样子，大概就因为我批评过他。实际上，我对他还是很尊敬的，毕竟我是晚辈，我说，我们现在群龙无首，希望他来。他说，你后来居上嘛。他以观点划界，包括他的学生。他有一种捍卫马克思主义的责任感，他认为我反对马克思主义，当然就对我不满意。”①李泽厚和蔡仪的交往较少，不过李泽厚还是很尊敬这位前辈的。

>> 美学家高尔泰先生，主观美论的代表，李泽厚的主要论争对手

李泽厚最年轻的一位对手是高尔泰。他与高尔泰的交往也始于1957年。高尔泰回忆说：“我们的交往，始于五七年。那时全国围剿《论美》，我成了政治批判的靶子。他（按：指李泽厚）在《哲学研究》上发表《关于当前美学问题的争论》一文，归纳了四种看法：一，高尔泰的主观论；二，蔡仪的客观

①李泽厚著：《走我自己的路（对谈集）》，中国盲文出版社2004年版，第448页。

论;三,朱光潜的主客观统一论;四,自己的客观性和社会性统一论。不同意我的看法,但说它值得重视。没抓辫子,没打棍子,没说主观就是唯心,唯心就是反动,很特殊。我给他写了个信,谢没落井下石,赞有学者风度。他回信说,这是最起码的。那时候,我们都年轻(我二十一,他二十六),'在山泉水清'。有过这么个茬儿,一直保持着好感。'反右'后没再联系,'新时期'恢复了通信。"两人都有去敦煌的经历,高尔泰曾说他们各有一句诗可以形容二人的不同人生,李泽厚是"快马轻车玉门关,万里风尘谈笑间"(此句是李泽厚在敦煌时所做诗的第一联),高尔泰是"无限行程无限苦,最苦大漠寂寥中"。[1] 相比李泽厚,高尔泰的人生经历更为坎坷。

>> 美学家宗白华先生,散步美学的代表,李泽厚说:"宗先生是诗人。"

美学大讨论的时候,李泽厚与宗白华先生也有交往。"1957年我发表两篇美学论文之后,当时我已离开北大,才特地去看望宗先生。现在依稀记得,好像是一个不大暖和的早春天气,我在未名湖畔一间楼上的斗室里见到了这位蔼然长者。谈了些什么,已完全模糊了,只一点至今印象仍鲜明如昨。这就是我文章中谈到艺术时说,'它(指艺术)可以是写作几十本书的题

①高尔泰:《谁令骑马客京华》,见《读库0601》,同心出版社2006年版。

材'。对此，宗先生大为欣赏。这句话本身并没有很多意思，它既非关我的文章论旨，也无若何特别之处，这有什么值得注意的地方呢？我当时颇觉费解，因之印象也就特深。后来，我逐步明白了：宗先生之所以特别注意了这句话，大概是以他一生欣赏艺术的丰富经历，深深地感叹着这方面有许多文章可做，而当时（以至现在）我们这方面的书又是何等的少。这句在我并无多少意义的抽象议论，在宗先生那里却是有着深切内容的具体感受。……我从小最怕做客，一向懒于走动。和宗先生长谈，也就只那一次。"①

80年代的时候，李泽厚替宗白华写《美学散步》的序言，"我始终没和宗先生交谈，我没去看望他，事前事后也没去征求他的意见"。但宗白华先生去世的时候，李泽厚得知他是因行政级别不够而被阻挡了就医之路，在90岁诞辰的前三天逝世，就写了一篇悼文：我为宗先生哭！我为中国知识分子哭！我为中国哭！②

四、在动荡中开展人生

李泽厚在整个50到60年代，除了大学时光是相对安定的外，大学毕业之后，命运中的不确定因素就不时出现。最早的一次危机发生在1955年。李泽厚当时被当作胡风分子挨整，"说我是反革命，把我带到枪毙反革命的公审大会去旁听。总要我交代与胡风的关系"③，但调查了一年，也没有查出与胡风有任何联系，结论是属于"思想问题"。

李泽厚关于美学讨论的文章发表不到半年，反右运动就开始了。1957

---

①李泽厚著：《走我自己的路（杂著集）》，中国盲文出版社2004年版，第82—83页。

②《学者李泽厚》，载《三联生活周刊》总第547期，2009年10月12日。

③李泽厚、陈明著：《浮生论学》，华夏出版社2002年版，第107页。

年下半年，反右运动开始，李泽厚躲过一劫。究其原因也很有意思，其一，李泽厚当时正好不在风暴的中心。“我跟哲学所的一个人熊孝祥，很早计划定了的。5 月份走的。”[①]他们是去敦煌考察壁画。李泽厚在敦煌的千佛寺待了整整一个月，对每个洞穴都做了简记和感受。李泽厚还单独去过太原晋祠、龙门石窟、华山。回到北京时反右高潮已过，“……反右想把我打成‘右派’，没打成”。第二个原因也很有意思，是“右派”比例过高。“当时所里的‘右派’名额已经超过了一般单位的‘右派’比例，所以有人说我成了一个‘漏网右派’。”[②]第三个原因是当时哲学所的所谓学术权威很多，李泽厚年纪轻轻还够不上反动学术权威。正是这些原因使他在“文革”时期也幸免被打入“右派”。如在 1968 年秋，哲学社会科学部进驻工宣队，有人想整李泽厚，说他是“学术权威”，工宣队不同意，说李泽厚挣那么几个工资够不上“权威”。

但是，时代并没有给李泽厚太多的可以躲避的机会。1957 年 12 月开始，第一次下放劳动，“我和所里几十个人被下放到太行山区的元氏县去劳动。在那里主要的就是劳动，累极了连洗衣服的时间都没有。而且又赶上 1958 年的‘大跃进’，很紧张，整天都在干活。记得经常搞‘夜战’，两三点钟就起来，带上一张油布，那时没有塑料布。走到地里，把油布铺在地上睡觉，睡到天亮的时候起来干活，现在想起来很可笑。当时讲‘三同’，同吃同住同劳动，我们住在老乡的家里，吃‘派饭’，今天在这个老乡家吃，明天到那个老乡家里去吃。”[③]

下放劳动不是享受，是真刀真枪地干，李泽厚本来身子弱，但他太好强。

---

①李泽厚、陈明著：《浮生论学》，华夏出版社 2002 年版，第 108 页。

②李泽厚著：《李泽厚近年答问录》，天津社会科学院出版社 2006 年版，第 93 页。

③李泽厚著：《李泽厚近年答问录》，天津社会科学院出版社 2006 年版，第 93 页。

“那次劳动的强度大，我这个人也很蠢。我总想跟体力最强的人去争高下。……就是好胜，你挑一百多斤，我也要挑，最后我终于挑到一百零几斤。”①像这样的劳动强度肯定会把人累趴下。冬天的时候，“每天汗的那个棉毛衫，变得像硬纸壳，绷硬绷硬。……一块板了，就这么睡觉，也没法洗澡，也没有时间洗衣服。……浪费了时间。最好的时间。”②

对下放劳动的经历，李泽厚后来还曾思考过诸如劳动、野草、思想改造等问题。“我想起五十年代下放劳动时的田间除草。除草劳动种类很多，我特别记起的是，像拔蒲公英一样，拔那长在庄稼中的野草。那野草倒不开花，但像恶霸似的躺在地面，四肢放肆伸开，长得又肥又壮。老乡说它们夺取庄稼的水分和养料，必须拔除。但拔除也不容易，虽说没拔蒲公英这么难，却也要长久蹲下身去，好费一番气力。因此在这劳动中，我很憎恶这些难以拔除却又必须拔除的野草。记得当年暗中思索：人们，当然包括我自己，都读过许多歌颂野草的诗文篇章，从白居易的‘离离原上草’到鲁迅著名的野草散文集，都在赞颂野草那顽强的生命力，却从没想过这顽强的生命力恰好是庄稼和农家的死对头。所以我当时想，那些诗文和自己的喜爱确乎是由于没有干过农作耕耘，因之与‘劳动人民的思想情感’距离甚远的缘故。我非出自农家，又素不爱劳动，属于当时应下放劳动以改造思想的标准对象，对野草的爱憎不正好证明了这一点吗？但是，我一面除野草，也信服上述理论，活也干得不错；一面我又仍然喜爱那‘春风吹又生’和鲁迅的野草文章。我欣然接受‘拥护劳动人民便应改造思想’的严密逻辑，却又依然不愿体力劳动，不愿改造和改造不好。我虽从未在思想检讨会上以野草作例，证

---

①李泽厚、陈明著：《浮生论学》，华夏出版社2002年版，第113页。

②李泽厚、陈明著：《浮生论学》，华夏出版社2002年版，第113—114页。

说自己改造之痛苦艰难，却的确感到我这脑子里是有矛盾有问题的。正如当年一再宣讲'知识分子最没知识'的经典论证是韭（菜）与麦（苗）不辨，似乎很有道理，因为我的确辨不清。但又立即想到，爱因斯坦可能也分辨不清，为什么必须人人都要分辨得清呢？当然，我并不敢说，心中嘀咕而已。"①劳动固然是美好的，但是强迫的劳动无法创造美。

下放期间还有一个不利条件，李泽厚当时没有结婚，过年的时候，有家的人可以回北京过年，而像李泽厚这样的单身汉则不让回来。不过，到了1963年，李泽厚就不再是单身汉了。李泽厚的情感世界一直不为人所知，后来访谈多了，我们才知道，李泽厚少年时就暗恋过表姐，她可以说是年轻李泽厚情感的主要维系对象。大概到50年代末的时候，这段没有结果的单相思才告结束。对表姐的这段单相思还引发了他不小的人生动荡。在思想改造的50年代后期，李泽厚竟向组织坦白这件事，其结果可想而知，被开除公职、留用察看，并且还要被发配到内蒙古去，幸好他当时被周扬点名参加《美学概论》编写工作才躲过此难。

结婚是另一片世界。在家庭生活上，李泽厚夫妻关系融洽，他一向都很尊重夫人，直到结婚十年后才生了孩子，因为夫人坚决不早生。李泽厚对家庭也从未做什么具体的要求，是一个恬淡而随和的家庭成员，也从来没要求自己的孩子要继承自己的事业。

从太行山下放回来不久，又是下放。1960年4月，李泽厚被下放到山东曲阜大雨居村劳动。这次下放和上次下放截然不同，因为他赶上了三年自然灾害。这一次对李泽厚最大的挑战是饥饿：每天只能吃到四个白薯，没有别的东西吃。这一年在李泽厚身上还发生一个故事，"险被一马列主义老太

---

①李泽厚著：《李泽厚集·杂著集》，三联书店2008年版，第403—404页。

>>1963 年结婚照，他们在 2013 年迎来金婚

太所整死。但亦由是而索性横下心来，我行我素，既知人事难酬，玲珑不易；不如关起门来，自成一统。富贵非吾愿，声名不可期”。[①] 在无尽的人生磨难中，李泽厚没有选择激烈的抗争，而是选择了不合作的态度，在这种不合作的态度中默默实现自己。

1961 年冬到 1964 年，李泽厚进入了 60 年代最为学术化的时期，因为他参加了一场重大的学术活动，就是参加王朝闻主编的《美学概论》的编写工作，负责现当代西方美学资料的搜集整理。《美学概论》是当时高校教材建

①李泽厚著：《走我自己的路（杂著集）》，中国盲文出版社 2004 年版，第 285 页。

设的重要任务，当时参加的人员中不少都成为日后的美学家。在此期间的1962年，李泽厚晋升为助理研究员，总算在事业上有了实质的进展。

谁都知道时间就是生命，浪费不得。但是在李泽厚的那个年代，时间肯定是用来浪费的。在"文革"前，1963年开始，李泽厚还无奈地参加过两次"四清"，"四清"和下放劳动不同，后者是对错误的惩罚，而"四清"则是作为干部去清查地方干部的"四不清"。虽然如此，也浪费很多时间。

"文革"开始的时候，李泽厚在北京，算是个"逍遥派"，看法虽然也有一些，但是不介入那些纷争。不过机关跟学校有很大不同，因为都是成年人，所以不像学校里闹得那么厉害，虽然两派之间争得也很激烈。"文革"的时候，李泽厚也尽可能地不去所里，开个病假条，两个礼拜都在家里看书。①

在"文革"中，李泽厚虽然没有遭受天翻地覆的批判、批斗，但浪费太多的时间，万幸他并没有因时代的错位而放弃自己的思考。

①李泽厚、陈远：《李泽厚：穿越美与不美》，载《新京报》2005年9月27日。

第三章　理论延展

一、客观性:从美感到美

李泽厚美学突出的特点之一是强调客观性,他的客观性含义与主要论辩对手朱光潜、蔡仪均不同。当时美学大讨论的重点是:美究竟是主观的还是客观的。蔡仪强调美在客观。朱光潜强调美是主观与客观的统一。① 主客观问题有三层含义:第一,美究竟指的是什么;第二,主观、客观指的是什么;第三,如何统一。

李泽厚首先区分了美与美感:美是客观的,美感是主观的,"美感是美的反映",将美的优先性提了出来。从一定程度上说,这是哲学问题在美学问题上的具体落实。李泽厚进一步指出美感的主客观矛盾二重性:"美感的个人心理的主观直觉性和社会生活的客观功利性。"前者

①在对"美在心还是在物"这一问题的回答上,朱光潜认为"美不仅在物,亦不仅在心,它在心与物的关系上面。""凡是美都要经过心灵的创造。……美就是情趣意象化或意象情趣化时心中所觉到的'恰好'的快感。"在《我的文艺思想的反动性》一文中,他认为自己"终于没有跳出克罗齐的主观唯心论的掌心!"

即个人性、主观性、直觉性，[①]后者即客观性、社会性、功利性。由于美感本身即心理结果，因此，美感的二重性并不等同，美感中的主观性是过程和结果，客观性是内容和素材。美感的根本不在于客观性或主观性，而在于美。

李泽厚将美学问题从具体的美感转向了美。在解答美的问题上，李泽厚对美有一个总的看法，即“美是包含着现实生活发展的本质、规律和理想而用感官可以直接感知的具体形象（包括社会形象、自然形象和艺术形象）”。[②] 这一看法基本上可以概括为“美是生活”和“美是形象”两个方面。在美是生活方面，李泽厚受车尔尼雪夫斯基启发甚多。车尔尼雪夫斯基的“美是生活”说是李泽厚的重要思想资源。[③] 当然，李泽厚也完善了这一资源。问题在于，将美的问题转向生活和形象依然有不足。诸如什么是现实生活发展的本质、规律和理想，本质、规律、理想三者的关系如何，人们如何感知这些具体的形象，体现生活的本质规律、理想的东西是否都是美等等问

①李泽厚不同意克罗齐与朱光潜等人对直觉的定义，他认为美感直觉是更为复杂的思维形式，“具有着更高级的社会生活和文化教养的内容和性质”。因此，李泽厚的美感二重性最后还是落实在美感社会性上的。

②李泽厚：《关于当前美学问题的争论》，见《美学论集》，上海文艺出版社1980年版，第98页。

③李泽厚在《论美感、美和艺术》与《论美是生活及其他》专门讨论过车尔尼雪夫斯基的“美是生活”的理论，并反思了其局限性。

题，并非都是确定无疑的。李泽厚对美的定义有一种本质加感性的意味。李泽厚对美的本质的看法还有：美是真、善的统一，美是规律性与目的性的统一。真、规律性即客观性方面，善、目的性即社会性方面。这些都是从哲学角度提出的。

其实，美的本质问题只是哲学层次上的，并不能解决具体的美的问题。美的本质问题必然是过滤了千姿百态的美之后对美的本质性、抽象性的把握。尽管双方举了很多例子来说明，但都是演绎法，而不是归纳法。正由于是抽象的、本质的把握，因而无论是唯物的、唯心的、主观的、客观的，就具体美而言，都有合理的地方，也都有不能穷尽的地方。因此美学的根本问题并非解决美的本质是什么，而在于解决究竟什么可以视为美，这就要求客观的、科学的、具体的、实证的分析和研究，而不是大而化之的理论阐发。这样，李泽厚区分美感二重性，将美感问题转向美的问题，并没有抓住问题的根本，也无法解决具体的美的问题。后来，李泽厚也意识到这一问题的局限，而强调审美心理的重要作用。

>> 美学家朱光潜先生，主客观美论的代表，李泽厚的主要论争对手

李泽厚还区分了两种主观。一种主观是指人的意志、精神、情

感等，另一种主观是人的社会实践活动。实践的客观主要指的是实践力量的物质性，实践是实实在在的。这一点蔡仪就反对，在他看来，客观是与人类活动无关的。朱光潜也使用主观，但认为人的实践和人的物质活动均是主观的，故而才会有主客观统一论，而李泽厚只承认人的意识和精神活动是主观的，人的实践和人的物质活动则是客观的。这必然引发关于客观的争论。

同理，李泽厚也区分了两种客观。一种客观是指客观的实在，即物质，另一种客观是物质性的力量，当然前者也包括了这一点，后者主要指的人的主观能动性，也就是人类主体的实践。人类主体的实践是不依赖于人的精神、意识、心理的。人类社会生活就是这种客观。在主观与客观这一思维与存在的关系问题上，李泽厚加入了思维的主体实践活动一项，进而将思维限定在人的思维，将存在区分为人（类）的存在与物的存在（后者逻辑上也包含前者）。在主客观之争中，朱光潜、蔡仪、李泽厚争论相当尖锐。朱光潜和蔡仪都认定，凡是人都是主观方面的。不同在于，朱光潜从积极意义上肯定之，蔡仪从消极意义上否定之。故而在蔡仪眼中，朱光潜和李泽厚同属唯心主义，而在朱光潜眼中，蔡仪和李泽厚又同属于客观主义。

二、实践的社会性

主观客观的争论已引出了实践的概念。主观、客观与实践的概念关系紧密，于是，李泽厚又区分了两种实践，不同意朱光潜泛化了的实践概念，认为这混淆了精神活动和物质实践活动。在李泽厚看来，实践被严格限定为制造—使用工具的劳动和生产活动。这一观念是李泽厚一生所坚持的。李泽厚还强调主体性概念，主体性的最主要的特征便是物质生产实践或者社会实践。如果承认精神生产也是实践，那么就与朱光潜没有区别了，也就达不到批评朱光潜的效果了。公正地说，朱光潜的实践观是过于宽泛了，但是，尽管朱光潜标举实践，也多是为了其自身理论的自洽性，并非真正致力于所谓实践美学的开拓。李泽厚和朱光潜对自己的观点可谓都是一以贯之的，朱光潜强调主观能动性，李泽厚强调社会制约性，二者本就不冲突。同理，关于生产，李泽厚也区分了精神（心理、意志）的生产与物质、实践的生产，二者不能等同。实践概念的要旨在于实践活动直接作用于客观世界，而不通过任何中介。艺术是对现实生活的反映，它对现实生活的反作用只能通过阅读、欣赏作品的人而实现，而不是实践。在这里，争论的焦点聚集在社会功能上，但忽视了作用于人心的直接力量恰恰是精神上的（如艺术、宗教等）。

与主观、客观、实践等相关，李泽厚还区分了两种"自然的人化"，即主观精神上的"自然的人化"和社会实践意义上的"自然的人化"。用李泽厚的话说就是，"客观实际上的'自然的人化'（社会生活所造成）与艺术或欣赏中的'自然的人化'（意识作用所造成）。"[①]从其哲学立场出发，李泽厚承认第一种为真正的"自然的人化"。后者是朱光潜所坚持的，并被李泽厚所批评的，但对其有限认可。[②] 在这一点上，李泽厚自始至终都没有将其纳入理论体系之中。李泽厚通过分析《手稿》认为，马克思人化概念的本意是"通过实践（改造自然）而非通过意识（欣赏自然）去'化'"[③]或者说是"通过实践使人的本质对象化"。[④] 李泽厚又区分了自然的人化的具体层面，认为自然的人

①李泽厚：《山水花鸟的美》，见《美学论集》，上海文艺出版社 1980 年版，第 192 页。
②李泽厚：《美学三题议》，见《美学论集》，上海文艺出版社 1980 年版，第 178 页。
③李泽厚：《美学三题议》，见《美学论集》，上海文艺出版社 1980 年版，第 172 页。
④李泽厚：《美学三题议》，见《美学论集》，上海文艺出版社 1980 年版，第 173 页。

化有两种,即“自然的人化”和“五官的人化”[①],后者即人自身的人化,前者即自然的人化(自然与人类社会的关系)也分两个方面,即直接的改变与间接的改变,区别是前者是局部的、可见的、外在的,后者是整体的、不可见的、内在的。[②] 自然人化的理论在后来得到系统而全面的展开。

同朱光潜争论的同时,李泽厚已经初步形成了自己的美学理论,如对客观性、社会性、实践性、历史性的强调。但为何李泽厚与蔡仪的论辩也异常激烈呢?可以肯定的是,在普遍进行思想改造的年代里,蔡仪也难脱被批判的命运。这也是当时美学问题没有定于一尊的一个原因,即最具有马克思主义美学特征的蔡仪,其美学理论也是不完善的。蔡仪的唯物主义美学的确有机械性的一面,忽略主观性、社会性,这为朱光潜、李泽厚的批评留下了口实。在同朱光潜论辩的时候,蔡仪似是李泽厚的盟友,事实上却是水火不容,并且还持续到新时期。

从一定意义上说,同蔡仪论辩的重要性并不亚于同朱光潜的论辩。李泽厚同蔡仪论辩的关注点是社会性,李泽厚很明确地说:“如果说,我们与朱光潜的分歧是在美的客观性的问题上,那么,我们与蔡仪的分歧就在美的社会性的问题上。”[③]后来又进一步说明:“我提出美的社会性,强调与蔡仪的分歧,就正是为了说明人类客观的社会实践活动创造着美。”[④]那么,问题在于,客观性和社会性对李泽厚而言哪个更为根本呢?在我看来,似乎是社会性。问题是,社会性并不必然是客观的,而为了避免唯心主义的嫌疑,李泽厚不得不再次强调客观性,但这个客观性与蔡仪的客观性有差异。蔡仪的客观

---

①李泽厚:《美学三题议》,见《美学论集》,上海文艺出版社 1980 年版,第 177 页。
②李泽厚:《美学三题议》,见《美学论集》,上海文艺出版社 1980 年版,第 173 页。
③李泽厚:《美的客观性和社会性》,见《美学论集》,上海文艺出版社 1980 年版,第 56 页。
④李泽厚:《美学三题议》,见《美学论集》,上海文艺出版社 1980 年版,第 160 页。

性近似于事物的本然性或自然性，而李泽厚的客观性主要内容就是社会性。因此，李泽厚的著名命题“美是客观性与社会性的统一”显然是矛盾的，客观性对应的是主观性，社会性对应的是自然性（包括科学性、动物性、本能等），二者不处于同一层次上，不是统一不统一的问题，而是结合不结合的问题。李泽厚从一开始就有偏离哲学认识论美学的倾向，其社会性就是体现。

李泽厚将蔡仪的美学定位为静观的、机械的唯物主义，或者形而上学唯物主义，认为其主要问题是没有引入生活或者社会性维度。① 在美的本质上，蔡仪强调美在客观，他也成为客观派的代表。他的主要美学命题是：美是客观的反映、美在客观事物本身、美是客观事物的典型，没有超越于客观事物之外（包括人类生活、历史文化等）的美。这些从蔡仪客观主义美学来看是自洽的，但从李泽厚的视角看却是不完善的，因为脱离了社会性是无法有美的，尤其是自然美。李泽厚认为蔡仪美学的最大的弱点是自然美，只从自然本身寻找美，所以对此加以攻击。他在与朱光潜论辩的后期也涉及自然美，不同的是，朱光潜是主观化的自然美，蔡仪是客观化的自然美，李泽厚强调社会化（或实践化）的自然美。李泽厚的自然美是社会实践意义上的自然美，即自然所以美是因为其社会实践性。社会性的问题在他同朱光潜的争论中已经出现，但更多的还是客观性问题，而在同蔡仪的论辩中，社会性则异常突出。李泽厚认为，自然美中的客观性实际上也是人类社会实践的产物或者结果。自然美中的形式美也是人类长期生活积淀的结果。在李泽厚那里，社会美具有比自然美更高的优先地位。

实践的社会性包含着李泽厚著名的“积淀”理论的萌芽。“积淀”思想是

①这一定位其实也有失偏颇。蔡仪美学的性质是哲学上的客观认识论，属于客观主义，自然不会过多关注主观、社会方面。

>> 美学家蔡仪先生，客观美论的代表，李泽厚的主要论争对手

在同朱光潜、蔡仪等的论辩中萌生并逐渐发展的。李泽厚的“美是客观的、社会的”自身就包含着这一概念。李泽厚批评蔡仪的客观是静观的就已预示着李泽厚的客观是发展的、运动的。而美的社会性也必然预示着其历史性。客观发展性与社会历史性二者本来就是一起的，即社会历史性从属于客观发展性，人类是客观事物发展的结果。发展性、历史性其实质就是积淀，不同的是，它们是积淀的内容，积淀的场所却是个体的人，包括情感、意志等。当时李泽厚用的不是积淀，而是“沉淀”一词。“在审美感受，理解（知性）沉淀为知觉，成为感性的方面；在审美理想，情感沉淀为理想，成为理性的方面。一方面，只有理解沉淀在感性中，才可能构成不同于一般感觉的审美感受；另一方面，只有情感沉淀在理性的思维中，才可能构成不同于一般

概念的审美理想。”[①]简言之,沉淀即理性沉淀为感性。李泽厚后来对积淀有一个说明:“社会的、理性的、历史的东西累积沉淀为一种个体的、感性的、直观的东西,它是通过自然的人化的过程来实现的。”[②]这一极具原创性的概念后来也成为李泽厚美学的标志之一。

李泽厚认为,蔡仪美学观点的失误在自然美中最突出,所以就以自然美来评判蔡仪。在我看来,蔡仪美学的主要成就并不是自然美,而是他的反映论—典型论。而李泽厚在这方面也不示弱,继续开拓他的美学艺术理论。

三、艺术典型理论

蔡仪的典型理论争议最大。典型理论的前提是反映论(美是对客观事物的反映)。蔡仪的典型理论是“个别中显现着一般的东西;美的本质就是事物的典型性,就是个别之中显现着种类的一般”[③],美的事物“就是种类的普遍性、必然性的显现者”。[④] 这是李泽厚主要引用的蔡仪美学观点。但是,不能不说,这些引用可能出于论辩的需要。蔡仪美学主要是认识论的,其前提是合理的,关键问题在于客观事物本身究竟怎么会是美的呢?在蔡仪看来,就是“美是典型”,或者引用马克思的话说是“美是规律”。前者主要是个别性与一般性的统一,而后者主要是指美的一般性、规律性、必然性。

在李泽厚看来,“为何典型就美”是蔡仪典型理论必须回答的问题,毕竟有的典型并不美。典型理论离不开一般与个别的问题,也就是普遍规律与

---

①李泽厚:《审美意识与创作方法》(1963),见《美学论集》,上海文艺出版社 1980 年版,第 362 页。

②李泽厚:《美感谈》,见《李泽厚哲学美学文选》,湖南人民出版社 1985 年版,第 386—387 页。

③蔡仪著:《新美学》,群益出版社 1949 年版,第 68 页。

④蔡仪著:《新美学》,群益出版社 1949 年版,第 80 页。

个别现象的问题,或者说是必然性与偶然性的问题。客观说,典型理论并不是包罗万象的,这也是事实。后来有学者就认为蔡仪的典型理论更确切地说应该是“美是典型种类中的典型个别”[①],其意思就是未必所有典型都是美的,未必所有个别都是美的,而是限定典型的范围,即在美的范围内讨论典型才是合理的。从一定程度上说,典型理论在于将自然与社会中可能存在的美突出地提炼出来,是这些可能美的精华或浓缩。山川是美的,但只有那些典型的山川才是大美的。日常社会中存在着平凡普通的美,但伟大的人物和英雄事迹才是真正的大美。蔡仪的典型理论的前提在于,只有那些具有美的可能性的事物才适用这一理论。在美学讨论中,青蛙、跳蚤、蚂蚁等不断被提及,这些例子倒是可以驳倒蔡仪的“美是典型”理论,但范围都有些扩大了。当然,也不能否认蔡仪典型理论的失误,如蔡仪认为进化层级的不同就表示美的不同,这一点是牵强的。

在论辩的引发下,李泽厚发展了自己的典型(艺术典型)理论。他认为:“典型是美的社会性和形象性的统一,它具有鲜明的形象形式和深广的社会内容。”[②]这不同于蔡仪的理论。在李泽厚那里,典型问题的实质就是形象思维的问题。

李泽厚反对将形象思维视为逻辑思维的一个阶段。[③] 换言之,形象思维与逻辑思维二者均是高级思维形式,形象思维不是所谓的感性知觉。李泽厚否认形象思维是初级的思维,强调形象思维也是一种抽象思维,形象思维的“抽象”是在感性原料中,“保护、选择、集中它的最有代表性的某一方面、某一属性、某一特征,而在不断地选择、概括和集中的过程中,极力地去增强

---

①钱竞:《蔡仪和新美学》,载《文苑纵横谈》1982 年第 3 辑。

②李泽厚:《论美感、美和艺术》,见《美学论集》,上海文艺出版社 1980 年版,第 37 页。

③李泽厚:《论美感、美和艺术》,见《美学论集》,上海文艺出版社 1980 年版,第 38 页

它的感染力量”。[①] 逻辑思维和形象思维是紧密结合的，逻辑思维是形象思维的基础，并时时规范形象思维，二者不是相互独立、可相互替代的。但是，李泽厚也说明不能随意强调形象思维的独立性，因为“并没有一种与逻辑思维相平行或对立的形象思维”。李泽厚使用形象思维乃是约定俗成的原因。实际上，李泽厚认为“人类的思维都是逻辑思维”。[②]所谓的形象思维主要用在艺术领域，后来李泽厚就用“艺术想象”来更准确地代指形象思维。[③] 在艺术领域中，逻辑思维主要是世界观的问题，而形象思维则主要是创作方法问题，二者呈现出矛盾张力关系，即世界观与创作方法并不完全是一致的。李泽厚强调正确的逻辑思维、世界观的重要性。不过，即使是正确的逻辑思维、世界观，如果缺乏高超的形象思维，也是不可能创造出美的形象的。

在《试论形象思维》(1959)一文中，李泽厚深入说明了形象思维问题：“形象思维是个性化与本质化的同时进行”，这也就是典型的创造。[④] “本质化”是逻辑思维主导的结果，“个性化”则是形象思维主导的结果。在二者关系上，逻辑思维是形象思维的基础，但在艺术创作中，形象思维为主，逻辑思维为辅，即便有逻辑思维参与，也是短暂的。形象思维的另一特征是“永远伴随着美感感情态度”。[⑤] 这是形象思维中的“情”的方面，而“情”的问题实质上就是审美理想的问题。李泽厚强调应使自己具有劳动人民的情感，这是从阶级性、社会性着眼的。[⑥] 上述可视为形象思维“同”的一面，“异”的一

---

①李泽厚：《论美感、美和艺术》，见《美学论集》，上海文艺出版社1980年版，第39页。
②李泽厚：《审美意识与创作方法》，见《美学论集》，上海文艺出版社1980年版，第362页，注释1。
③李泽厚：《形象思维再续谈》，见《美学论集》，上海文艺出版社1980年版，第558
④李泽厚：《试论形象思维》，见《美学论集》，上海文艺出版社1980年版，第231页。
⑤李泽厚：《试论形象思维》，见《美学论集》，上海文艺出版社1980年版，第237页。
⑥李泽厚对“情”极为重视，他在后来说“情感性比形象性对艺术来说更为重要。艺术的情感性常常是艺术生命之所在”。(《形象思维再续谈》，见《美学论集》，上海文艺出版社1980年版，第563页)。

面主要有四个方面,不同的艺术种类与形式、不同的创作方法、不同的民族、不同艺术家个人的才情性格,都可以造成形象思维的不同。李泽厚对此的说明是较为全面的。

在60年代前期,李泽厚深化了自己对典型的理解。在《典型初探》(1963)一文中,李泽厚承认典型在于普遍性与个别性的统一,但认为这相当笼统。在批评了蔡仪等人的典型理论的含混化、简单化、错误化之后,李泽厚认为:"典型作为个性体现共性的特点,其实质正在于它是在偶然性的现象中体现着必然性的本质或规律。"①与诸前者相比,李泽厚强调典型理论的本质性、规律性。典型的本质、规律不是指个体体现了普遍性,而是说典型体现了个体之所以为个体的本质性、规律性。"艺术典型作为共性与个性、普遍性与个别性的统一,不能从共性个性的一般关系上来看它的数量上的普遍性或代表性,而只有从其充分反映或体现客观现实生活的本质规律(在阶级社会里经常是社会矛盾、阶级矛盾的本质规律),具有必然性的阶级内容这一角度去阐释,才能获得真正深刻的把握。"②在这里,李泽厚将典型理论从抽象的哲学讨论引向具体的社会生活内容,这是他对马克思主义典型理论领悟的结果。"艺术典型是体现特定的社会生活和历史发展的本质必然和规律,而具有历史具体的特定的社会普遍性(共性)的。"③这样,李泽厚就将艺术典型从形象性引向了规律性,即只有体现这种本质性、规律性的艺术形象才是艺术典型形象。李泽厚还认为,艺术典型与审美理想有密切的联系。审美理想不是纯粹个体的东西,而是"社会生活的本质、必然、规律性

---

①李泽厚:《典型初探》,见《美学论集》,上海文艺出版社1980年版,第290页。
②李泽厚:《典型初探》,见《美学论集》,上海文艺出版社1980年版,第297页。
③李泽厚:《典型初探》,见《美学论集》,上海文艺出版社1980年版,第304页。

的审美形式的反映”。[1] 李泽厚强调艺术典型的符合论，即主观的审美理想符合社会生活本质规律。艺术典型“在实质上代表着一定时代阶级的人们的理性要求和实践需要，集中地呈露着他们的功利要求、爱憎态度、是非判断，体现了人们特定的情感（情）与认识（理）的统一”。[2] 然而，审美理想不同，作为结果的艺术典型也有所不同。审美理想的基础是其世界观和阶级立场。不同世界观和阶级立场的人都可感受到社会生活本质，但由于审美理想的差异，艺术典型的塑造也有差异。因此，艺术典型同艺术家的个体经验的独特性密切相关。这个个体经验性是同艺术典型的偶然性相关的，即在甲艺术家那里，艺术典型是 A，而在乙艺术家那里，艺术典型则可能是 B，这就是审美理想、审美经验的个体差异性与艺术典型偶然性的相关关系。在这一点上，李泽厚批评了那种糟糕的个人化和公式化、概念化，前者缺乏必然性，后者缺乏偶然性。从艺术典型的历史发展着眼，李泽厚提出两种艺术典型，即“类型性的典型”与“特征性的典型”，前者为资本主义以前的典型现象，特点是共性相对突出，以共性的直接呈露为特点，后者为资本主义以来的典型现象，也称为“性格性典型”，个性相对突出，适应近代社会的发展。[3]

典型一般在叙事艺术中常见，而在抒情艺术中则是“意境”。典型和意境的本质是相同的，都包含两个方面：“生活形象的客观反映方面和艺术家情感理想的主观创造方面”。[4] 李泽厚将意境分为“境”和“意”：境是形、神的统一，意是情、理的统一。形神问题实质上就是典型形象的问题。意境的

---

①李泽厚：《典型初探》，见《美学论集》，上海文艺出版社 1980 年版，第 305 页。
②李泽厚：《典型初探》，见《美学论集》，上海文艺出版社 1980 年版，第 307 页。
③李泽厚：《典型初探》，见《美学论集》，上海文艺出版社 1980 年版，第 314—320 页。
④李泽厚：《“意境”杂谈》(1957)，见《美学论集》，上海文艺出版社 1980 年版，第 326 页。

形神问题还涉及有限性与无限性、偶然性与必然性、直接性与间接性的关系问题，注重以有限、偶然、直接来表现无限、必然、间接。[①] 因此，意境中形象是形神的统一，这就是常说的形似、神似。二者的关系是，形似是基础，神似是目标。神似与中国古代诗论中的传神、神韵、气韵等近似。意境的另一维度是情理，情和理是相互结合的，缺一不可："有'情'而无'理'，就是背'理'的'情'，是主观任意的抒发，是违背生活真实的主观主义的艺术；有'理'而无'情'，就是光秃秃的道理，这种艺术就只能是失去生活真实的公式化、概念化的枯燥推理论文。"[②]李泽厚不满足于朱光潜仅仅强调情景交融，而是认为意境是形神情理的统一，其中社会生活起着决定性的作用，艺术家的主观能动性只是为了更好地反映现实生活，而不具有决定性的意义。当然，意境也是千姿百态的，它同时代的变迁、同艺术家关注兴趣有着密切的关系，但无论如何，意境都是艺术家对现实生活的反映。意境中的所谓的意胜、境胜主要是由于创作方法和形象思维特色的不同而产生的，涉及意、境关系的配合。在时代特征上，古典主义美学强调境胜，浪漫主义（近代资本主义以来）强调意胜，这一点与典型类似。典型和意境都是艺术创作中的重要范畴，对指导艺术创作意义重大。李泽厚批评那种仅仅以理胜的作品是没有发展前途的，但随着生活的深入，艺术家会逐渐"莎士比亚化"而不再是"席勒化"，然而历史的发展却是将"席勒化"极端化了，这是李泽厚当时没有料到的。李泽厚是新中国成立后最早使用现代文艺理论来讨论意境问题的美学家。对李泽厚而言，此时意境的讨论也为《美的历程》中的"宋元山水意境"做了铺垫。

---

①李泽厚：《以"形"写"神"——艺术形象的有限与无限、偶然与必然》(1959)、《虚实显隐之间——艺术形象的直接性与间接性》(1962)，见《美学论集》，上海文艺出版社1980年版，第334页。

②李泽厚：《以"形"写"神"》，见《美学论集》，上海文艺出版社1980年版，第334页。

四、艺术审美理论

李泽厚在五六十年代还开拓了自己的艺术理论。艺术理论是美学理论的重要组成部分。当然，李泽厚的艺术理论是审美的艺术理论，而不是一般的艺术学。

李泽厚在《审美意识与创作方法》(1963)中讨论了创作方法与审美意识的关系问题。美感又称为审美感(或审美意识)，包括审美感受和审美理想两个方面，一侧重情，一侧重理。李泽厚认为，审美理想比审美感受更高、更突出。李泽厚主要从创作方法来谈审美理想。任何艺术创造都包含审美理想与审美感受两个方面，侧重审美感受的客观再现的创作方法是现实主义的，侧重审美理想的直接表现的创作方法是浪漫主义的。但是，现实主义和浪漫主义又分为两个层次，即创作精神与创作方法，同一种创作精神可以采用不同的创作方法，同一种创作方法也可以是不同的创作精神。总体而言，创作精神决定创作方法。双方的差异有三点，一是创作方法的相对独立性，二是时代环境或者其他种种原因，三是传统的影响和继承。《审美意识与创作方法》是时代的产物，在该文近一半的篇幅中，李泽厚运用现实主义、浪漫主义两分法对中外艺术史进行了宏观的鸟瞰，其中论中国艺术的部分则是《美的历程》的雏形。①

李泽厚的艺术理论在多篇论文中有说明，在《论美感、美和艺术》一文中，李泽厚认为“艺术的根本美学问题是艺术与现实的关系问题”，具体而言“就是艺术形象与典型的问题，因为艺术是通过形象和典型来反映现实的”。

---

①李泽厚:《审美意识与创作方法》，见《美学论集》，上海文艺出版社 1980 年版，第 384—388 页。

>>2009年,李泽厚出席"同行——德中当代艺术展",艺术一直是李泽厚美学的中心议题之一

典型理论上面已有说明。典型是艺术形象的核心问题。这里来主要谈形象问题。形象对艺术而言极为重要,"形象就是艺术生命的秘密,没有形象,就没有艺术"。① 但是,形象又不是孤立的,而是现实的反映。艺术美中的形象比现实中的形象更为集中、强烈而真实,但现实美是第一性的。

李泽厚另一篇重要的艺术论文是《略论艺术种类》(1962)。他提出艺术分类的原则是"审美意识的物态化",而审美意识的本质力量即是情感和认识,情感是就主体而言的,认识是就客体而言。这样,艺术就分为注重个体情感的表现性艺术和注重客体认识的再现性艺术。这是艺术分类的第一层,即从审美意识物化的内容着眼。第二层是按照审美意识物化的过程着眼,分为注重过程的动(时间)的艺术和注重结果的静(空间)的艺术。艺术分类的原则即是这两层的结合。在这一总原则下,李泽厚将艺术分为:一,表现、静的艺术(实用艺术,包括工艺、建筑);二,表现、动的艺术(表情艺术,包括音乐、舞蹈);三,再现、

①李泽厚:《论美感、美和艺术》,见《美学论集》,上海文艺出版社1980年版,第36页。

静的艺术（造型艺术，包括雕塑、绘画）；四，再现、动的艺术（综合艺术，包括戏剧、电影）；五，语言艺术。其中语言艺术较为特殊。各个艺术的审美特性是不同的。这一艺术分类在新中国成立后很有特色，启发和影响了以后的艺术分类法。

李泽厚另一篇关于审美艺术理论的论文《关于崇高与滑稽》（写于1959年）当时未发表。该文依照其客观性、社会性理论探讨了崇高、悲剧、滑稽、喜剧四个重要的美学范畴，认为“崇高的根源产生在人类社会生活的客观实践和斗争中”，[①]这是社会中的崇高，自然界的崇高是“以形式上严重的斗争痕记显示出对实践的肯定”，[②]艺术中的崇高则主要体现为悲剧。因此，李泽厚将悲剧视为崇高的一种。李泽厚认为悲剧“总必须在表面偶然的死亡、不幸和悲惨中，看出一种历史本质的必然，体现出社会生活实践中的严重斗争，体现出正义实践的暂时被否定而最终被肯定，体现历史的先进要求的必然失败而又必然不会失败这种种尖锐的矛盾和冲突”。[③] 悲剧是历史的必然要求和这种要求的暂时不能实现之间的紧张关系所造成的。如果说崇高、悲剧在于真（规律性）对善（目的性）的压倒，那么，滑稽是善对真的压倒，客体缺乏存在根据或为实践所否定，主体对其加以嘲笑。滑稽的一种形式是喜剧。这篇文章对崇高悲剧分析较多，滑稽、喜剧分析较少，特点是用客观性、社会性、历史性、必然性等来阐述上述美学范畴。这篇文章后来被认为是“意义深远”的，其原因在于“融合了马克思主义与康德的术语”。[④] 但大凡讨论李泽厚美学思想成就的，对这一理论关注并不多。

---

①李泽厚：《关于崇高与滑稽》，见《美学论集》，上海文艺出版社1980年版，第204页。
②李泽厚：《关于崇高与滑稽》，见《美学论集》，上海文艺出版社1980年版，第209页。
③李泽厚：《关于崇高与滑稽》，见《美学论集》，上海文艺出版社1980年版，第216页。
④王斑著：《历史的崇高形象——二十世纪中国的美学与政治》，三联书店2008年版，第156页。

五、早期美学成就及其局限

李泽厚在五六十年代的美学思想成就是有目共睹的。阎国忠认为,李泽厚推动了审美社会学的发展,提出实践概念从而超越认识论美学,把人本身作为美学的最大课题,美学从抽象概念到了具体的实际问题分析,引发了对马克思主义美学的兴趣。[①] 不过,这些成就并非李泽厚所独有,只是他更为突出地表现了出来。薛富兴认为,李泽厚开创了审美社会学、文化学的研究路向,注重主体,开拓出历史唯物主义的美学研究道路。[②] 在我看来,李泽厚五六十年代的美学思想成就有以下几点值得重视。

第一,李泽厚初步奠定了美学的历史学—文化学—人类学研究路向。他提出的"美是客观性与社会性的统一",这是他的成名命题,也是其遭受诟病的地方。如果撇开所谓主观性、客观性或者唯心主义与唯物主义的归队,李泽厚的美学元命题应该是"美是社会性的"。客观性主要针对朱光潜而提出,但其内容主要也是社会性的。社会性主要针对蔡仪而提出。李泽厚的美本质论的社会学向度包含三个方面,第一是历史性维度,强调其发展性、积淀性,第二是文化学维度,强调宗教、政治、经济、艺术等综合性的方面,第三是人类学维度,强调了生活的发展、人与自然的关系等。因而,客观性虽然重要但不是李泽厚美学的最重要的概念。客观性主要强调的是唯物主义,但唯物主义并不能穷尽美学的全部问题,或者说美学问题并不能都放在哲学层面加以讨论。美是客观存在的,其存在的广阔领域是人类社会生活

---

①阎国忠著:《走出古典——中国当代美学论争述评》,安徽教育出版社1996年版,第408页。

②薛富兴著:《分化与突围:中国美学1949—2000》,首都师范大学出版社2006年版,第181—183页。

本身。

第二，李泽厚具有敏锐的学术敏感性，将"自然人化"的概念引入美学领域，成为马克思主义人类学、美学在中国的发展。"自然的人化"是马克思1844年的《经济学—哲学手稿》中的思想内容。李泽厚曾说"在国内美学文章中，本文大概是最早提到马克思的《经济学—哲学手稿》，并企图依据它作美的本质探讨的"。[①] 虽然蔡仪在其1947年出版的《新美学》一书中就提到了马克思的这部手稿，但就文章而言，李泽厚的确是属于最早的，并且"自然人化"也是李泽厚着意强调的，与蔡仪的关注点不同。[②] "自然人化"的观点李泽厚还在后期做了深入的讨论，成为其美学思想的核心理论。

第三，李泽厚对人民性问题有深入独特的看法。《关于古代抒情诗中的人民性问题》(1955)一文是李泽厚的第一篇文艺理论论文。在该文中，李泽厚认为古代抒情诗中的人民性在于，"它具有着丰富的人民性的内容——它以形象反映了一定社会历史环境下的人民思想情感和它所形成的社会氛围；反映了生活的真实，历史的真理；反映了先进的社会理想和美学理想"。[③] 因此，李泽厚认为不能将抒情诗的内容和风格完全看作是个人情感的现象。该文提到的"社会氛围"后来成为《美学四讲》中重要的概念之一。[④] 1957年出版的《门外集》中收录的《谈李煜词讨论中的几个问题》(1956)一文也涉及人民性问题，李泽厚认为李煜后期词所具有的深远影响力不仅仅在于表现了"被侮辱被损害的"情感，还在于李后主通过"人生的慨叹"和"通过往

---

①李泽厚：《论美感、美和艺术・补记》，见《美学论集》，上海文艺出版社1980年版，第51页。

②蔡仪关注的是美的规律，不过蔡仪在总体上否定《手稿》，认为它不属于马克思主义，但他仍继续引用《手稿》。

③李泽厚：《关于中国古代抒情诗中的人民性问题》，见《美学论集》，上海文艺出版社1980年版，第426页。

④李泽厚著：《美学四讲》，三联书店1999年版，第208—209页。

事的追怀"的独特方式使这种人民性情感具有了更强的艺术性。[1] 李泽厚后期对李后主的人生意义进行了深入的开掘。这两篇论文应是李泽厚最早的两篇美学论文。有人以为李泽厚是在同朱光潜、蔡仪的论辩中形成自己的美学思想的,大体不错,不过事实上是,李泽厚在同朱光潜、蔡仪论辩之前已有成型的论文发表,其中对社会性内容的强调已经甚为明显。

第四,正是由于李泽厚美学思想的多方面成就使得他成为中国新一代马克思主义美学家的代表,并做出了自己的独特贡献。薛富兴认为"新一代美学家李泽厚的崛起则标志着马克思主义美学在当代中国之发展前景"。[2] 不过,李泽厚的马克思主义已经是充满个人性的理论思考了。

第五,李泽厚以独特的美学之思为中国的美学基本理论的发展做出了贡献,他的多篇论文的主要思想多体现在王朝闻主编的《美学概论》(1961—1980)一书中,如关于"美的本质是客观社会性""美的形态""艺术种类"等章节。

作为青年美学家,李泽厚的美学思想并非十全十美,这有时代的原因。第一,从理论资源上说,五六十年代的美学大讨论,众多学者的学术资源主要是马克思主义,包括马克思、恩格斯、列宁、斯大林、毛泽东等人的思想学说。这是一个思想资源普遍单一化或一体化的时代。因此,李泽厚在后来就进一步吸收了康德思想、存在主义、中国传统儒学等资源,以丰富自己的美学理论。第二,当时马克思主义的发展也呈现单一化的倾向,那种"非马即错"的看法充满着火药味。李泽厚自己也是从认识论美学入手而进入实践论美学的,其主要强调的是历史唯物主义和主体性哲学。第三,当时呈现

---

①李泽厚:《谈李煜词讨论中的几个问题》,见《美学论集》,上海文艺出版社 1980 年版,第 450—452 页。

②薛富兴著:《分化与突围:中国美学 1949—2000》,首都师范大学出版社 2006 年版,第 16 页。

出泛马克思主义的倾向，即在任何领域都使用马克思主义，而不顾及具体实施，并且到了顽固坚持的地步，只注重政治立场的正确性而牺牲具体问题本身的意义。在这些方面，李泽厚同样存在问题。第四，当时本质论、反映论美学独步天下，其他美学维度没有得到充分的发展，很难有效构成对马克思主义美学的补充，这都是当时历史环境制约的。

>>1962 年，李泽厚与洪毅然在北京，一起参加《美学概论》的编写

就李泽厚美学思想本身而言，其不足也很明显。首先，过于突出论辩性，而系统性、周密性不足，如对美的定义不统一。李泽厚在《论美感、美和艺术》一文中将美看作是客观性与社会性的统一，实际上二者无法统一，只能将社会性看作第一性，将客观性看作是第二性的。李泽厚本人也认为主观客观的统一应该是“主观实践”与“客观现实”的统一。[①] 在同一文中，李泽厚又提出美的两个基本性质，即“客观社会性”和“具体形象性”。应该说，李泽厚提出的具体形象性更为重要，也更接近艺术和审美事实，但二者的关系如何呢？美到底是客观性、社会性的统一，还是客观性、社

①李泽厚：《美学三题议》，见《美学论集》，上海文艺出版社 1980 年版，第 162 页。

会性、形象性的统一呢？严格意义上，用客观性和社会性并不能完全解决美的问题。这恰说明，李泽厚一直在美的本质论与美感论（审美经验）上摇摆不定。

李泽厚美学思想已初具规模，基本观点已成型，但仍不系统。他认识到美学的基本任务是“研究客观现实的美、人类的审美感和艺术美的一般规律”，①但对现实的美的研究并不充分，而是转向讨论美与美感的关系上，对艺术的讨论也很简略。这种情况还出现在其他论辩和论文中。在美学形态上，李泽厚强调现实美是第一性的，现实美只包括社会美和自然美，而自然美又是从属于社会美的，艺术美是第二性的。社会美、自然美、艺术美就不再是同等的美的形态，而是层级性的。李泽厚认为，“自然本身并不是美，美的自然是社会化的结果，也就是人的本质对象化的结果”。② 这一点从属于其美学理论，但却是有简单化的倾向的，因为社会美、自然美、艺术美都是有其相对独立性的一面的。③

李泽厚对蔡仪、朱光潜的批评尽管也吸收了他们的一些优点，但也有许多简单化、牵强附会及以偏概全的方面。朱光潜与李泽厚的争论主要在于：美在心还是在物？美是主观的还是客观的？是美感决定美呢，还是美决定美感？但是，李泽厚咄咄逼人的地方不在于这些问题，而在于他认为“从哲学根本观点上说，不在心，就在物；不在物，就在心；美是主观的便不是客观的，是客观的便不是主观的；这里很难‘折中调和’，中间的路将导致唯心主义。”④他预设的前提是“从哲学根本观点上说”，但是不能将朱光潜等人的看

①李泽厚：《论美感、美和艺术》，见《美学论集》，上海文艺出版社1980年版，第1页。
②李泽厚：《论美感、美和艺术》，见《美学论集》，上海文艺出版社1980年版，第25页。
③就其理论的彻底化而言，用一个不恰当的类比，在朱光潜那里，第一位的是艺术美，在蔡仪那里，第一位的是自然美，在李泽厚那里，第一位的是社会美。
④李泽厚：《论美感、美和艺术》，见《美学论集》，上海文艺出版社1980年版，第21页。

法完全放在哲学这一平台上。朱光潜强调,美既是客观的又是主观的,是主客观的统一。无论从具体审美事实,还是基本表述,都是合理的。哲学强调的是第一性与第二性的问题,这当然是无法调和的,但美的问题并不完全等同于哲学认识论。后来在实践问题上也类似,李泽厚是严格定义,朱光潜是宽泛定义,争论由此不止。有学者指出,朱光潜的美学进路是心理学,李泽厚的美学进路是人类学。这种看法有一定道理,只是李泽厚的人类学虽萌芽破土,但更多的还是历史起源学的。但为什么双方对此却习焉不察呢?这恐怕还是由当时的学术环境所决定的,即单一化,认为真理只有一个。因此,尽管今天看双方的争论其实相通互补的地方很多,而在当时几乎是互不相容的。这种哲学一元论的失误,似乎是现在学界应从美学大讨论中汲取的教训。

第四章　价值地基

从40年代末到70年代末的30年间，是李泽厚思想发展的重要时期，他编就了自己的思想织体。思想织体相对于美学而言，具有基础性意义。在李泽厚思想织体中，马克思主义、康德、中国传统思想（儒家）起着重要作用。

一、马克思主义历史唯物论

五六十年代的李泽厚是异军突起的，原因前文已有说明。如果仅就李泽厚五六十年代的美学思想成就而言，他作为一位重要的美学家便可以载入历史。在新中国这一代的美学家里，李泽厚所取得的成就、地位和影响力是极为突出的。这不仅归功于李泽厚的天赋，更归功于李泽厚"只问耕耘"的勤奋。李泽厚对学术持之以恒的开拓和深化使得他成为当代中国最重要的美学家之一。

在五六十年代，李泽厚的美学基础属性无疑主要是马克思主义，并且起主要理论建构作用的还是马克思《1844

年经济学—哲学手稿》，即“依据它作美的本质探讨”。[①] 但是，我们也清醒地意识到，李泽厚所提到的《手稿》也是有选择性的。问题是，为何李泽厚单单对《手稿》中的“人化自然”“实践”等命题感兴趣？这不仅在于李泽厚本人的学术敏感，也在于李泽厚不囿于前人思想框架的理论前沿拓展意识。《手稿》在苏联出版，影响了苏联的美学研究，这固然可以视为中国对苏联美学的一种引进，但基本上并无明显证据说明李泽厚受到苏联美学的影响，或许应该说，马克思《手稿》的公开出版给苏联和中国以共同的学术兴趣，李泽厚则是这个兴趣的集中体现者之一。[②]《手稿》中文版在1956年出版时，其意义在当时并没有引起广泛共识，如蔡仪就认为《手稿》并不属于马克思主义。不过到了80年代，《手稿》成为哲学讨论的重点，成为一时名著，异化劳动、自然人化、本质力量对象化成为关键的命题。这说明《手稿》的确具有不可估量的理论价值。

从一开始，李泽厚对马克思主义思想的理解就很独特。在1949年之前，李泽厚就接触马克思的著作，如《路易·波拿巴政变记》等，从这些书里，他“看到一

①李泽厚：《论美感、美和艺术》，见《美学论集》，上海文艺出版社1980年版，第51页。

②马克思的《经济学—哲学手稿》1932年在苏联以德文首发，1956年才以俄文出版，同年，何思敬从德文版译出中文版出版。

种新的研究社会历史的方法,一种新的理论,十分受启发”。① 在美学界主客观争论得不可开交的时候,李泽厚强调客观论与实践论的结合,不能不说是一种新的思路。马克思主义包括辩证唯物主义与历史唯物主义两个方面。辩证唯物主义主要讨论的问题是思维与存在的关系问题,即唯心、唯物或者主观、客观的问题,尽管涉及社会,但还不是重点,而历史唯物主义则是辩证唯物主义在人类历史中的体现。二者并没有高下之别,而是侧重点不同,其基本精神依然是唯物主义,只是“物”的含义不同,一是“客观之物”,一是“实践之物”。

在五六十年代的中国,人们着重讨论的就是唯物、唯心立场的确定,坚持唯物主义,否定唯心主义,因此辩证唯物主义是重点,而李泽厚却将二者结合起来,显然是更有效的。在一个普遍接受马克思主义的时代,李泽厚理解的特殊性在于:他并非被动接受,而是主动接触和认同,并在新中国的感染下自觉认真研读领会。马克思主义对李泽厚的重要影响在于,使李泽厚接受了唯物主义,从“物”的角度考虑问题。恩格斯曾概括的“人们首先必须吃、喝、住、穿,而后才能从事……艺术”,成为李泽厚“吃饭哲学”的理论来源。

可以认为,李泽厚对马克思主义的接受有一个从辩证唯物主义到历史唯物主义的转变。或者说,李泽厚所强调、所重视的正是历史唯物论,而非辩证唯物论。历史唯物主义的核心便是人和人类的问题。在《手稿》中,马克思主要提出了异化劳动的概念,但这一点并没有被李泽厚多注意,当时他注意的是“自然的人化”。由于在阶级社会中,劳动往往是异化劳动,所以“自然的人化”的最终实现是在共产主义社会。真正的劳动在于人本质力量的对象化,而不是异化了的劳动。李泽厚曾说过,马克思的“人化”并不是讨论审美问题,但他并没有说明,马克思主义也不是一般性地谈论人化。蔡仪

①李泽厚著:《走我自己的路》,三联书店1986年版,第9页。

等人的批评也有合理之处,因为“自然的人化”也可能是异化,“人的本质力量的对象化”,也可能是异化的对象化。不过当时的中国已经具有所谓的共产主义性质(社会主义),那时人们似乎并没有意识到中国的社会主义也是一个初级阶段,一种赶英超美昂扬向上的情绪笼罩着人们,革命乐观主义主导了人们的心态和学术注意。

五六十年代的李泽厚的美学思想主要贡献在于实践论,但局限在于偏重认识论、反映论,这一时代的思想框架有着浓厚的认识论、反映论印记,这一印记是历史的印记,也是个人思想的印记。

李泽厚的研究领域还仅仅局限在理论层面,史的层面还没有明显显现出来。这些都在70年代初到80年代中期的十多年间逐步完善。李泽厚通过对康德思想的领悟和把握,加深了他对马克思主义的理解。马克思和康德是促进李泽厚思想成型的关键思想家。

二、对康德哲学意义的深入发掘

70年代以后,康德思想成为李泽厚的重要思考对象。可以肯定的是,李泽厚接触康德思想绝不始于70年代,在他五六十年代发表的论文中已经多次提到康德。“记得还是当大学生的时候,自己在开始研究中国哲学史上的一些问题,却有意识地集中相当力量学西方哲学史。当时主要是读著名西方哲学家的原著,觉得受益匪浅。”①尤其是黑格尔和康德,“他们两人给了我不少东西。他们给的不是论断,而是智慧;不是观点,而是眼界;不是知识,而是能力”。②

①李泽厚著:《走我自己的路(杂著集)》,中国盲文出版社2004年版,第123页。
②李泽厚著:《走我自己的路(杂著集)》,中国盲文出版社2004年版,第461页。

>>1979 年秋，李泽厚在北京十渡，可谓意气风发正当时

1970 年，李泽厚所在的哲学所集体下放到河南信阳，两百多个人住在一个大房子里，开始了“五七干校”的生活。去干校的时候，每个人都有一个箱子，是统一的，可以放衣服什么的，李泽厚则把自己最喜欢和觉得最值得读的书放到箱子里带到了那里，其中有一本就是英文版的康德《纯粹理性批判》。

在劳动空闲，他就偷偷地阅读和研究《纯粹理性批判》。“那本书就是要慢慢的读，要非常的细心，真是一个字一个字读，不止读一遍。我还带了一个小本子，做了很多笔记。我发现读他的书我可以提出一些自己的看法。干校我们分好几个阶段，第一阶段根本就没有时间。到后来没有劳动了，就有时间。所以那段时间我就在写，实际上在写《批判哲学的批判》的初稿。我写在一个很不打眼的笔记本上。”①

1972 年秋，李泽厚从干校回到北京之后，就正式开始了《批判哲学的批判》的写作。“一到北京条件改变了，我就开始大干起来，陆陆续续弄了好几

①李泽厚、陈明著：《浮生论学》，华夏出版社 2002 年版，第 81 页。

年。由原来那个笔记本上的几万字,慢慢发展到十几万字、二十几万字。”[①] 当然这都是偷偷摸摸的。

经过数年的研读,1976 年,《批判哲学的批判——康德述评》完稿,1979 年出版(1984 年修订再版),其中“美学与目的论”专讲康德的美学思想。[②]

相比 50 年代对康德的接触,70 年代以后,康德对李泽厚而言意义非同一般,康德的哲学思想和美学思想都深化了李泽厚原来的思想。总体上说,康德思想与马克思主义并不是完全冲突的,而是可以结合参照的。

李泽厚在 70 年代开始集中研读康德的原因,据李泽厚说,一是“想改变一下多年来对康德的漠视和抹杀”,二是希望通过对康德的研究来对国内的马克思主义研究进行反思,恢复马克思主义的本来面貌并探索、发展马克思主义。[③] 李泽厚研究康德的目的绝不是取代马克思主义,而是通过理清康德思想来理清马克思主义,因为马克思主义的理论资源便有康德思想。那么,究竟该如何理解康德之于李泽厚的意义呢?李泽厚的思想是如何从马克思走向康德的呢?二者的关系如何呢?

在《批判哲学的批判——康德述评》一书出版两年后,李泽厚发表了他的论文《康德哲学与建立主体性论纲》。[④] 这篇文章后来又收入《批判》一书的修订版中,可见该文的特殊性。实际上,《批判》一书的“评”也是通过马克思主义来实现的,书中所引马克思、恩格斯、列宁的思想具有决定性的意义。

---

①李泽厚、陈明著:《浮生论学》,华夏出版社 2002 年版,第 81 页。

②从交稿到出版期间,有部分章节先期发表:《论康德的宗教、政治、历史观点》,载《社会科学战线》1978 年第 1 期;《康德认识论问题的提出》,载《文史哲》1978 年第 1 期;《关于康德的“物自体”学说》,载《哲学研究》1978 年第 6 期。

③李泽厚著:《批判哲学的批判》,人民出版社 1984 年修订版,“后记”。

④该文收入中国社会科学院哲学研究所编:《康德黑格尔哲学》,上海人民出版社 1981 年版。

李泽厚认为,康德最重要的哲学贡献是“唯心主义先验论”,[①]康德哲学的基本特征是“对人类精神结构(认识、伦理、审美)”的探索和把握,康德的主要议题就是“人类主体性的主观心理结构”,这一点对当代中国而言具有更为切实的意义,所谓文化,就是“心理结构问题和人性问题”。[②]

李泽厚从康德哲学里强化了主体性哲学,并与马克思主义相融合,成为“主体性实践哲学”。从马克思主义自身而言,马克思主义哲学是历史唯物主义,而历史唯物主义即是实践论,历史唯物主义和实践论是一而二二而一的。不过,历史唯物论的提法并没有突出主体性,故而,李泽厚通过康德重新命名了马克思主义哲学,形成了自己的主体性实践哲学。

康德哲学所注重的就是主体自身的能力,但是在这一点上康德却走向了唯心主义。经由马克思主义的批判思考,康德哲学的主体性内涵得到发扬。所谓主体性,不是某个人的主体性,而是人类主体性。主体性包括两个方面,一是客观方面的工艺—社会结构(即物质文明),二是主观方面的文化心理结构(即精神文明)。[③] 从后者而言,主体性是指“作为人类集体的历史成果的精神文化:智力结构、伦理意识、审美享受”,[④]这也正是康德三大批判(《纯粹理性批判》《实践理性批判》《判断力批判》)的主题。

康德哲学对李泽厚美学的意义在于,如果不了解李泽厚对康德哪些理论做了吸收、改造,就很难理解此后李泽厚美学思想的发展和深化。

首先,他接受了康德所提出的主体结构——纯粹理性(认识)、实践理性(伦理)、判断力(审美),并加以马克思主义的解释。对康德的认识论,李泽

①李泽厚著:《批判哲学的批判》,人民出版社 1984 年修订版,第 49 页。
②李泽厚著:《批判哲学的批判》,人民出版社 1984 年修订版,第 56—57 页。
③主体性的另一重意义指的是“人类群体的性质和个体身心的性质”,这四者是紧密结合在一起的。(《关于主体性的补充说明》,见《李泽厚哲学美学文选》,湖南人民出版社 1985 年版,第 164 页)
④李泽厚著:《批判哲学的批判》,人民出版社 1984 年修订版,第 94 页。

厚通过马克思主义，“从实践（人类学）出发来研究”。[①] 那些在康德看来是先天的东西，实际上是人类整体社会实践的产物。这种长期的历史性便是“积淀”，即“社会理性积累沉淀在感性知觉中”。[②] 这一“由社会（历史）到心理（个体）的通道”只能“从生理学—心理学来具体地科学地找出”，因此，“由深层历史学到深层心理学，由社会实践和历史成果到意识和无意识的心理机制，也许正是未来哲学和科学的前进方向之一。”[③]康德提出的哥白尼式的革命，其真正实现在于实践论，即强调“人的能动作用，人成了包括自然界在内的整个世界的主人”。[④] 进而也超越了“意识本体论”而走向了“人类学本体论”，这才是康德“自我意识”的真正的意义。而康德哲学的最大贡献就在于突出了人类主体性的主观方面，“全面提出了主体心理结构——包括认识、伦理和审美的先验性（普遍必然性）问题。”[⑤]康德的伦理学强调道德的绝对律令，而绝对律令并非抽象的形式，而是蕴含着“道德本是作为总体的人类社会的存在对个体的要求、规范和命令”。[⑥]

第二，认可康德对美学的基本看法，即美学具有根本性的特殊意义。李泽厚认为“物自体”学说是“康德整个哲学的核心，其关键是认识论到伦理学的过渡”。[⑦] 这一过渡即是美学（判断力）。《判断力批判》“对康德整个哲学体系来说，正是关键所在”。[⑧] 在《判断力批判》中，康德提出了“自然向人生成”的重

①李泽厚著：《批判哲学的批判》，人民出版社 1984 年修订版，第 76 页。
②李泽厚著：《批判哲学的批判》，人民出版社 1984 年修订版，第 119 页。
③李泽厚著：《批判哲学的批判》，人民出版社 1984 年修订版，第 160 页。
④李泽厚著：《批判哲学的批判》，人民出版社 1984 年修订版，第 207—208 页。
⑤李泽厚著：《批判哲学的批判》，人民出版社 1984 年修订版，第 259 页。
⑥李泽厚著：《批判哲学的批判》，人民出版社 1984 年修订版，第 309 页。
⑦李泽厚著：《批判哲学的批判》，人民出版社 1984 年修订版，第 60 页。
⑧李泽厚著：《批判哲学的批判》，人民出版社 1984 年修订版，第 367 页。

要命题。这一命题正是"美学的本质"。[1]"美不只是一个艺术欣赏或艺术创作的问题,而是'自然的人化'的这样一个根本哲学—历史学问题。美学所以不只是艺术原理或艺术心理学,道理也在这里。"[2]康德提出了这个重大问题,但却走了唯心主义的道路,没有理解实践、总体、历史的重要意义。正是人类总体的历史实践过程,才使得"自然人化""自然向人生成"。在这种实践中,"人在自然存在的基础上,产生了一系列的超生物性的素质",而"审美就是这种超生物的需要和享受(康德称之为'判断力')"。[3] 在审美领域,人类的超生物性(即历史性、社会性等)表现为"积淀的感性",也就是"完全溶解在感性中",就是"总体、社会、理性最终落实在个体、自然和感性之上"。[4] 在人类未来,"人类由必然王国迈进到自由王国,即美的世界"。[5] 在《康德哲学与建立主体性论纲》一文中,李泽厚强调:"美的本质是人的本质最完满的展现,美的哲学是人的哲学的最高级的峰巅;从哲学上说,这是主体性的问题,从科学上说,这是文化心理结构问题。"[6]美学绝非可有可无的问题,也不是哲学的附属和分支,美学是哲学的最高问题。在1985年发表的《关于主体性的补充说明》一文中,李泽厚提出了"以美启真""以美储善"的两个重要命题。前者指"人拥有理性渗入其的内感性的自由直观,从而反过来推动普遍形式本身的发现和发展"。[7] 后者指"超越生死的道德境界"正是由美储备着的,人们能从容就死、舍生取义,显现的正是人生的最高境界。

---

①李泽厚著:《批判哲学的批判》,人民出版社1984年修订版,第406页。
②李泽厚著:《批判哲学的批判》,人民出版社1984年修订版,第407页。
③李泽厚著:《批判哲学的批判》,人民出版社1984年修订版,第412—413页。
④李泽厚著:《批判哲学的批判》,人民出版社1984年修订版,第413页。
⑤李泽厚著:《批判哲学的批判》,人民出版社1984年修订版,第421页。
⑥李泽厚著:《批判哲学的批判》,人民出版社1984年修订版,第436页。
⑦李泽厚著:《李泽厚哲学美学文选》,湖南人民出版社1985年版,第170页。

第三，张扬结合实践的主体性立场。主体性立场是康德所昭示的，"康德的贡献主要是在主体性主观结构方面"。[①] 对此，李泽厚进行了马克思主义的改造，将制造—使用工具的实践引入主体性。制造和使用工具是主体性的外在方面，而康德哲学侧重的是主体性的内在方面。李泽厚通过马克思主义将康德哲学的主体性成分极大地凸显了出来，由此构成了他的主体性实践哲学。

有些学者将李泽厚视为"新康德主义"，认为李泽厚的"主体性实践哲学之建构很大程度上源于它自觉地继承了康德哲学的主体性立场、内在主体性之主题、结构主义研究方法及理性主义立场"。[②] 不过，如果说马克思主义本身没有这些方面，那肯定是不恰当的，但是，可以肯定的是，正是康德使李泽厚更清醒自觉地进行主体性哲学的拓展。可以说，李泽厚对康德的"述评"绝非泛泛而论，而是将康德思想融化在自己原有的思想中，就是将马克思哲学与康德哲学融合在一起。《批判哲学的批判——康德述评》一书多次修订，其所修订者，多不在"述"，而在"评"。由此可见，康德哲学对李泽厚思想所具有的独特启示、牵引价值。

三、发现儒学的文化价值

在李泽厚的思想成型中起着转折性和深化性作用的是儒学。在 20 世纪 70 年代末，李泽厚除着手撰写《批判哲学的批判》《中国近代思想史论》《美的历程》外，他还系统展开自己的中国传统文化之思。1978 年底，他的《孔子再评

---

①李泽厚著：《李泽厚哲学美学文选》，湖南人民出版社 1985 年版，第 166 页。

②薛富兴：《新康德主义：李泽厚主体性实践哲学要素分析》，载《哲学动态》2002 年第 6 期。

价》一文完稿。[①] 这篇论文或许没有1985年出版的《中国古代思想史论》有名，但却是李泽厚中国传统思想研究的开篇之作，是李泽厚思想另一方向的滥觞。如果不了解这一点，就不明白为什么李泽厚后期会对中国传统文化如此情有独钟，并且认为自己的三大主要思想来源之一就是儒家思想。

李泽厚对孔子的研究最突出的一点是将文化—心理结构引入其中。这一时期的李泽厚思想已经成熟，文化—心理结构的理论成为他的核心理论。在《孔子再评价》开篇，李泽厚就说明，孔子思想"在历史上形成了一个对中国民族影响很大的文化—心理结构"。[②]

孔子所维护的是周礼。周礼是"周初确定的一整套的典章、制度、规范、仪节"，[③]其基本特征是"原始巫术礼仪基础上的晚期氏族统治体系的规范化和系统化"。[④] 孔子的仁学就建立在这一基础之上。"仁"观念的系统提出是孔子思想创造性的体现。如果说礼是外在的，那么仁就是内在的。正是这一内在的精神，使得中国思想没有导向外在的上帝、神，而是导向内化的人心，因此中国虽没有宗教，但孔子的仁学结构却具有宗教般调节心性的功能。孔子的仁学结构有四个因素，即血缘基础（孝悌、等级）、心理原则（原则在心，礼自外作）、人道主义（民主性、人民性、社会性）、个体人格（主动性、独立性），这四个要素构成了一个整体原则——"实践理性"。

实践理性"构成儒学甚至中国整个文化心理的一个重要的民族特征"。[⑤] 实践理性即李泽厚后来使用的"实用理性"。实践理性是一种理性精神或态度："用冷静的、现实的、合理的态度来解说和对待事物和传统""用理知来引

---

①该文发表于《中国社会科学》1980年第2期。

②李泽厚著：《李泽厚哲学美学文选》，湖南人民出版社1985年版，第1页。

③李泽厚著：《李泽厚哲学美学文选》，湖南人民出版社1985年版，第2页。

④李泽厚著：《李泽厚哲学美学文选》，湖南人民出版社1985年版，第2页。

⑤李泽厚著：《李泽厚哲学美学文选》，湖南人民出版社1985年版，第20页。

>>1985 年，李泽厚与梁漱溟，李泽厚认为在新儒家中他与梁漱溟最为接近

导、满足、节制情欲”“在人道和人格的追求中取得某种均衡”。[①] 这种理性具有“极端重视现实实践的特点”，[②]“对待人生、生活的积极进取精神，服从理性的清醒态度，重实用轻思辨，重人事轻鬼神，善于协调群体，在人事日用中保持情欲的满足与平衡，避开反理性的炽热迷狂和愚盲服从……”[③]这种理性是生活理性、经验理性，不是完全内在的，也不是完全外在的。实践理性就是中国的文化—心理结构。

①李泽厚著:《李泽厚哲学美学文选》，湖南人民出版社 1985 年版，第 21 页。
②李泽厚著:《李泽厚哲学美学文选》，湖南人民出版社 1985 年版，第 21 页。
③李泽厚著:《李泽厚哲学美学文选》，湖南人民出版社 1985 年版，第 23 页。

李泽厚同时看到实践理性自身的缺陷，即“在一定程度和意义上有阻碍科学和艺术发展的作用”。[①] 科学技术仅仅成为无伤大雅的小技，而艺术则成为道德的载体和外化，只有在老庄楚骚那里，艺术的自由精神才能大放异彩。不过，从积极角度而言，实践理性那种“重视现实、经世致用的理性态度”和“乐观进取、舍我其谁的实践精神”，[②]在当代仍具有不可替代的重要意义，在未来，仁学结构将有可能成为“对整个人类文明的一种重要贡献”。[③]

如果说李泽厚在《中国近代思想史论》中着重分析了孔子仁学结构的消极方面的话，那么，《孔子再评价》一文则恰如其分地将孔子思想所可能具有的意义凸显出来。李泽厚并不是宽泛地讲儒家，而是回到这一文化—心理结构中进行反思和阐扬，而这也就是李泽厚所谓的“儒学第四期”，其核心便有情本体等内容。

在《孔子再评价》一文中，李泽厚将孔子思想定位在仁学结构，并将其视为中国的文化—心理结构，这一点是具有新意的。但发扬这一结构并不是没有前提的，第一要发展科技，在物质上摆脱贫困落后；第二要反思历史，从制度上、心理上肃清仁学结构本身的消极面。这一方面确立了中国传统文化的现实任务，另一方面也确立了其未来目标。晚年李泽厚的思想主题之一就是中国心性智慧的发扬光大。

李泽厚以《孔子再评价》为起点的关于中国传统思想的发现，使得《中国古代思想史论》这部著作具有非同一般的意义。对于《中国古代思想史论》，李泽厚有一个自我评价：“在三本书中，我自己也的确比较喜欢这一本。原因是尽管材料少，论述粗，但毕竟是企图对中国整个传统作某种鸟瞰式的追

①李泽厚著：《李泽厚哲学美学文选》，湖南人民出版社1985年版，第28页。
②李泽厚著：《李泽厚哲学美学文选》，湖南人民出版社1985年版，第29页。
③李泽厚著：《李泽厚哲学美学文选》，湖南人民出版社1985年版，第31页。

索、探寻和阐释，其中提出的一些观念和看法，如'乐感文化''实用理性''文化心理结构''审美的天地境界'等等，我至今以为是相当重要的。我总希望在未来的世纪里，中国文化传统在东西方人文世界进行真正深入的对话中，能有自己的立场和贡献。"①

在李泽厚晚年，儒家特别是孔子的地位异常重要，生发出了李泽厚重要的伦理学思想，并借由康德构成现代社会的道德精神支撑，因而是别具一格的思想创见，值得重视。②

①李泽厚著：《走我自己的路（杂著集）》，中国盲文出版社2004年版，第431—432页。
②参李泽厚著：《论语今读》，三联书店2004年版；李泽厚著：《实用理性与乐感文化》，三联书店2005年版；李泽厚著：《说儒学四期》，上海译文出版社2012年版；李泽厚著：《回应桑德尔及其他》，三联书店2014年版。

第五章　时代前沿

1976 年到 1980 年的五年是李泽厚思想的重要丰收期:《批判哲学的批判——康德述评》《中国近代思想史论》《美学论集》先后出版。70 年代末期,三本重要论著的出版开启了李泽厚思想影响的"黄金时期"——80 年代美学热、文化热。除显在出版的成果外,还有隐在的写作,如《美的历程》一书已于 1978 年、1980 年先期发表了部分章节。① 其别开生面的气息已经引起了当时年轻一代的关注。《中国古代思想史论》的部分章节也起笔于 70 年代末,甚至更早。但这一重要丰收期得益于长期的耕耘,《中国近代思想史论》和《美学论集》集中了李泽厚 50 至 70 年代的几乎全部论文。

李泽厚积 20 年之功出版三部论著,这可谓是"厚积厚发"的一个例子。但是,这个"厚积厚发"并非知识的堆

①前三章以《关于中国古代艺术的札记》为题发表于 1980 年《美学》(上海文艺出版社)第 2 期上。《韵外之致》,载《文艺理论研究》1980 年第 2 期;《盛唐之音》,载《文艺理论研究》1980 年第 1 期;《宋元山水画的三种意境》,载《学术月刊》1980 年第 2 期;《神的世间风貌》(按:即"佛陀世容"),载《文物》1978 年第 12 期。

砌，而是在当时具有前沿性的学术意义。这种学术前沿意义是与当时社会历史文化氛围紧密相关的，这是李泽厚哲学的精义，也是李泽厚思想的原则。李泽厚曾说："我只为我的时代而写。"①

一、形象之思的时代进程

形象思维的理论是李泽厚美学研究的重要方面，李泽厚在 1959 年、1978 年、1979 年、1981 年先后完成了 7 篇关于形象思维的论文（演讲）。② 这些关于形象思维的论文收入《美学论集》《李泽厚哲学美学文选》。《美学论集》大量收入的是"文革"前的论文，其中还包括了《门外集》的全部论文，1976 年以后的论文除了关于形象思维几篇论文外，还包括一篇介绍外国美学的论文和两篇批判性的论文，因此，除了形象思维研究之外，《美学论集》应该是李泽厚 20 世纪五六十年代美学思想的"全集本"。

---

①《李泽厚：我和八十年代》，载《经济观察报》2008 年 6 月 9 日。

②分别是《论形象思维》(1959)、《形象思维的解放》(1978)、《关于形象思维》(1978)、《形象思维续谈》(1978)、《形象思维再续谈》(1979)、《谈谈形象思维问题》(1979)、《美感的二重性与形象思维》(1981)。

但是,《门外集》的知名度并不高,一方面是因为当时的学术活动不断受到政治的干扰,另一方面,《门外集》发行量不大,所以当时人们还是通过刊物了解李泽厚,而不是通过《门外集》。李泽厚广泛被人重视的文本是《美学论集》,正是《美学论集》的集结和出版使李泽厚成为"实践美学"的代表。①

应该说,形象思维是一个专业的理论术语,是艺术理论、美学中的基本问题,似乎并不具有时代性、前沿性。但是,形象思维问题在中国却很特殊,历史证明,形象思维问题不仅是一个时代命题,也考验着学者的精神和心力。李泽厚1959年的形象思维研究并非是当时的第一篇,此前已有多人讨论过形象思维。② 但李泽厚遭到了较为激烈的批判,有人专门发文批判他。③在"文革"前和"文革"中,有许多人因提倡形象思维而遭到批判和打击,学术成为政治运动的牺牲品,这是时代的悲剧。

1978年,关于形象思维的讨论可谓"铺天盖地",据中国知网统计,这一年就发表论文83篇,从数量上说可谓空前绝后。而李泽厚论形象思维的论文也集中在这一时期。之所以1978年出现对形象思维的热议,原因不是别的,而是《人民日报》在1977年的最后一天刊发了《毛主席给陈毅同志谈诗的一封信》,信中强调"诗要用形象思维"。这封信是毛泽东1965年7月21日写给陈毅的,距离发表已有12年。领袖重要信件的发表无疑是形象思维的直接推动力量,其背景在于形象思维在"文革"中遭受极度歪曲和打击,无怪乎李泽厚的文章要用"形象思维的解放"来命名了。《形象思维的解放》

①1995年,李丕显在其《为建立实践观点美学体系而努力——初读〈美学论集〉》一文中首次将李泽厚的美学定为"实践美学"。

②如老凡:《略论形象思维和抽象思维的关系》,载《学术月刊》1958年第1期;虹夷:《关于形象思维的问题》,载《文学评论》1959年第1期。

③郑季翘:《文艺领域里必须坚持马克思主义的认识论——对形象思维论的批判》,载《红旗杂志》1966年第5期。该文就是以李泽厚为批判对象的。

（刊《人民日报》1978 年 1 月 24 日）一文发表时间距离《毛主席给陈毅同志谈诗的一封信》不到一个月。这篇文章还属于批判性质，批评四人帮忽视形象思维，一味抬高逻辑思维对文艺的恶劣影响。这显示了学术的时代印记。

人民日报
RENMIN RIBAO
毛主席语录
百花齐放、推陈出新
古为今用、洋为中用
毛主席给陈毅同志谈诗的一封信
西行
毛泽东

>> 1977 年 12 月 31 日《人民日报》刊发《毛主席给陈毅同志谈诗的一封信》，形象思维的讨论因此迅速开展

在《关于形象思维》一文中，李泽厚明确表示形象思维是文艺创作的客观规律，不容否认和歪曲。在对形象思维的定义和特征描述上，李泽厚并没有新的见解，对形象思维有新见解的是《形象思维再续谈》一文。他认为，艺术不只是、也主要不是哲学认识论问题。正是因为强调了这一点，对艺术就不能仅仅用认识论来说明，而是应该从形象思维（艺术想象）的心理学基础着手。这也是李泽厚在推荐美学入门书时将朱光潜的《文艺心理学》列入的重要原因。[①] 70 年代末期李泽厚对形象思维认识论的反思也正是对自我的反思。李泽厚此时明确了“审美包含认识——理解成份或因素，但决不能归结于、等同于认识”。[②] 也就是说，艺术的最高境界与主要功能并非是认识。在

①另外三部为车尔尼雪夫斯基的《生活与美学》、托尔斯泰的《艺术论》和普列汉诺夫的《艺术论》，但李泽厚申明朱光潜书中的有些观点不见得正确。

②李泽厚：《形象思维再续谈》，见《美学论集》，上海文艺出版社 1980 年版，第 559 页。

>>1977 年，父子情深，那一老一小的笑容预示着新时代的到来

这篇文章里，李泽厚完成了从认识论到心理（审美、情感）论的转变，在某种意义上也承认了朱光潜艺术理论的合理性。如对移情说，承认其"在解释艺术创作和审美态度上，却有其合理和正确的地方"。[①]

李泽厚还强调了艺术的情感维度，即"情感逻辑"。艺术创作中的情感并非日常生活的情感、情绪，而是使"情感客观化、对象化"。[②] 这一点同其早期坚持的"形象的个体化、本质化"是密切相关的，只是前者是结果，后者是过程。虽然艺术不只是认识，但艺术本身有认识因素，但却是"与情感、想象、感知交融在一起"的。[③] 艺术中的非认识因素主要是以非自觉性的形式表现出来的，而自觉性则是逻辑思维的特征。这里李泽厚提出"创作中的非自觉性问题"，并强调所谓自觉的先进思想并不能保证艺术的成功。其原因在于，艺术的成功有其自身的一套法则，自觉的、先进的、正确的思想只是一种基础作用。因此，遵照艺术规律，"作家艺术家按自己的直感、'天性'、情感去创作"，"而不要太多地想什

①李泽厚著：《形象思维再续谈》，见《美学论集》，上海文艺出版社 1980 年版，第 565 页。
②李泽厚：《形象思维再续谈》，见《美学论集》，上海文艺出版社 1980 年版，第 566 页。
③李泽厚：《形象思维再续谈》，见《美学论集》，上海文艺出版社 1980 年版，第 571 页。

么‘主题’‘思想’之类的问题”。[①] 只有这样，才能创作出优秀作品来。

形象思维现在已经是文学艺术中的基本常识了，但其历史的遭遇却很坎坷。这是哲学一元化与政治一元化所必然导致的历史问题。人们最终从这种一元化中挣脱出来，强调非逻辑、非自觉、非认识性的形象思维，将艺术拉回到了其本然的方面。李泽厚形象之思及整个时代的文艺思想转折无疑是具有重要的历史意义的，这一段历史不应忘记。

二、现代西方美学研究的学术价值

李泽厚的美学贡献不仅在于中国美学自身的建设，也在于介绍、批评、引进西方现代美学。李泽厚的《英美现代美学述略》一文原写于 1964 年，1979 年发表，也是李泽厚学术前沿的另一体现。这篇论文的意义在于，它正好承接朱光潜 20 世纪 60 年代出版的《西方美学史》，尽管该文也相当粗略，但属国内首创。[②]

西方现代美学既是李泽厚的批判对象，也是其自身理论形成的重要参照系，对西方现代美学的学术研究和李泽厚自身思想发展具有双重的意义。

《英美现代美学述略》主要讨论了 19 世纪末以来的英美两国的美学思想学说，其中第二次世界大战以来（1940 年以来）的美学又是李泽厚论述的重点。这一时期定位极具前沿意识，名为“现代”实为“当代”。这一区分的原因在于，第二次世界大战之前，德国美学远远超过英美，而在第二次世界大战之后，美学的中心就转向了美国。正是第二次世界大战影响了西方美

---

①李泽厚：《形象思维再续谈》，见《美学论集》，上海文艺出版社 1980 年版，第 576 页。

②吕澂在 1924 年出版有《晚近美学思潮》，后于 1931 年更名为《现代美学思潮》。吕澂主要介绍的是利普斯和摩依曼。

学的格局。

19世纪末至第二次世界大战前英美流行的主要美学学说有:游戏说(斯宾塞)、快乐说(格兰阿伦)、距离说(布洛)、表现说(鲍桑葵、科林伍德)、自然主义(桑塔耶拿)、实用主义美学理论(杜威)。

游戏说和快乐说都是以生物生理学为基础的美学学说,但二者的意义却很特殊,它们是"资产阶级美学由古典进入现代,由哲学体系进入实证理论的早期阶段,以后就沿着这条线下来"。①

表现说最著名的代表是克罗齐,由于该文主要论述英美,故没有介绍,实际上在同朱光潜论辩的时候,李泽厚已经对克罗齐做过评论(特别是对"直觉说"的改造吸收)。鲍桑葵和科林伍德的表现说明显深受克罗齐影响。

与表现说并行的还有形式主义美学,其中最著名的就是克乃夫·贝尔(今译克莱夫·贝尔)。贝尔提出了著名的"有意味的形式"的命题。李泽厚分析,这一派强调"艺术有一种特殊的审美性质",这种特殊的审美性质在于"线条、色彩、明暗本身的某种纯形式的关系",从而使作品具有"永恒性"。这种有意味的形式不是客观形式,而是表现的,这种形式引起了和表现了情感,即"激起我们的审美感情"。② 但李泽厚并不满意,他认为贝尔等人对"有意味的形式"的分析并不清楚,比如有循环论证的倾向(即"有意味的形式"和"审美感情"相互阐释),但他也看到这一理论对造型艺术解读的优势。在20世纪70年代,李泽厚对"有意味的形式"做了自己的理论阐释。李泽厚从"审美积淀理论"角度分析,认为有意味的形式"实际是从写实的形象演化而来,其内容(意义)已积淀(溶化)在其中,于是,才不同于一般的形式、线

---

①李泽厚:《英美现代美学述略》,见《美学论集》,上海文艺出版社1980年版,第460页。

②李泽厚:《英美现代美学述略》,见《美学论集》,上海文艺出版社1980年版,第464页。

条”。而其所谓的审美情感则正是“由于对它的感受有特定的观念、想象的积淀（溶化），才不同于一般的感情、感性、感受”。①

实用主义美学理论的代表是杜威。李泽厚认为，杜威强调艺术来自日常生活中美感经验的提炼，美感经验与一般经验并无根本的差别，艺术应从日常的普通经验出发，而不是脱离生活。与杜威同类的还有芮恰兹（今译瑞恰兹），以芮恰兹为代表的“新批评”，对现代诗歌影响广泛。桑塔耶拿的美学也提倡快乐说，即“美是快乐的对象化”，但这个快乐不是生理学上的，而是自然主义的，即“在知觉中将主观愉快对象化”。②

在《述略》一文中，李泽厚主要介绍了分析哲学的美学观、苏珊·朗格的符号论、托马士·门罗的新自然主义和心理学的美学四种主要美学思想。分析哲学的美学观和苏珊·朗格的符号论都属于“语义学美学”，强调语言问题的重要性。分析哲学的美学观非常重视对概念、命题等的语言分析，但这种分析的极端化是以概念、命题的多意化、不确定等为理由将美学取消，从而将美学定位在概念分析上，其结果必然脱离文艺实际。作为语义学美学的另一方向的朗格美学则强调美学的积极意义。这与那些接受维特根斯坦后期理论的分析美学不同，而更注重其早期的世界的形象的图画观点，认为“艺术的意义在于它是人的情感的逻辑画图”。③ 朗格的美学资源来自卡西尔，卡西尔提出了人是符号的动物，认为“美是心灵的一种积极的活动，是一种有生命的形式”。④ 朗格区分了信号和符号，符号作为思想工具分为推论符号和表象符号。表象符号的意义在其本身，是“生命本身的形式”。而

①李泽厚著：《美的历程》，文物出版社1981年版，第27页。
②李泽厚：《英美现代美学述略》，见《美学论集》，上海文艺出版社1980年版，第469页。
③李泽厚：《英美现代美学述略》，见《美学论集》，上海文艺出版社1980年版，第480页。
④李泽厚：《英美现代美学述略》，见《美学论集》，上海文艺出版社1980年版，第480页。

艺术就是表象符号:“艺术作品是一种有表现力的形式或生命力——从最敏锐的感受到最复杂的感情——便正是它所能表现的”。[①] 朗格说的艺术表现情感不是个人情感的自我表现,而是超个人的普遍的人类情感。这也使得朗格的美学理论呈现出对克罗齐、科林伍德的表现说与贝尔、弗莱的形式说的融合。朗格的符号说本身也有缺陷,比如普遍性比较抽象,忽视个人情感,以偏概全(用符号不足以概括艺术)等。不过,从影响力上说,符号说与表现说、形式说是现代英美美学中的三种重要理论。

门罗的美学主要承接杜威,强调“美学联系实际和艺术研究”。[②] 门罗的自然主义强调“对美的经验的存在现象”加以研究,“不企图去了解美的最终本质是什么”。[③] 因而,门罗的美学就不再注重对美学做思辨的探讨,而走向对艺术的一般理论的研究。不过自然主义的实际不是生活的实际,李泽厚批评门罗的实际只是“特定人们的主观内省经验”。[④] 门罗还强调在美学研究中使用“科学研究方法”,即“广义的描述、观察现实事实的态度”。[⑤] 这种主观态度又被认为是客观的,即尽量不加入评价。不过李泽厚倒清醒地看到,门罗的不加评价实际上正是在贯彻自己对美学的评价。

心理学的美学不同于上述哲学美学,而是着重对艺术和审美现象做各种心理的研究。这种心理学路向和历史学路向共同构成了黑格尔之后西方美学的非哲学美学的思路。艺术历史主义在19世纪后半叶兴起,但到了20世纪以后,艺术心理主义则后来居上。艺术心理主义不是距离说、移情说等的现象描述,而是弗洛伊德和荣格的精神分析、格式塔心理学和实验心理

①李泽厚:《英美现代美学述略》,见《美学论集》,上海文艺出版社1980年版,第482页。
②李泽厚:《英美现代美学述略》,见《美学论集》,上海文艺出版社1980年版,第487页。
③李泽厚:《英美现代美学述略》,见《美学论集》,上海文艺出版社1980年版,第488页。
④李泽厚:《英美现代美学述略》,见《美学论集》,上海文艺出版社1980年版,第491页。
⑤李泽厚:《英美现代美学述略》,见《美学论集》,上海文艺出版社1980年版,第492页。

学。距离说、移情说、游戏说虽然也可以说是心理学的美学，但毕竟仅仅是现象上的描述，还没有深入到心理的内在机理，仅仅在形式和现象上是心理学的。而实验心理学美学的局限很大，就连西方人也不大接受。格式塔心理学也被称为完形心理学，完形就是“整体”的意思，格式塔是德文“整体”的译音。李泽厚着重分析了阿海（今译阿恩海姆）的《艺术与视知觉》一书。阿海认为，“事物形体结构和运动本身就包含着情感的表现”，而“艺术就要善于通过物质材料造成这种结构完形，来唤起观赏者身心结构上的类似反应，而并不在于只以题材内容使观众了解其意义而已”。[①] 在心理学美学中，弗洛伊德的心理分析影响最大。心理分析又称精神分析。弗洛伊德的心理分析特别重视儿童性欲问题，荣格则将这种性欲问题引向“集体无意识”。在李泽厚看来，荣格的理论更为重要。集体无意识是生物性、历史性、集体性的，同人的生理、社会历史发展密切相关，艺术就在于唤醒这种集体无意识。在此意义上，艺术也是符号，不过却是无意识的符号。无意识的符号“具有种族的不自觉的长远记忆”。[②] 限于文章主旨，李泽厚主要介绍了里德和帕克。里德主要是在文艺批评领域运用心理分析。帕克的美学特别注意研究价值问题，将价值同人的欲望满足联系起来，认为欲望是最根本的问题。当然，帕克所指的欲望比性欲广泛，但在对艺术的基本看法上则是与心理分析一致的。李泽厚在《帕克美学思想批判》(1964)一文中详细论述了他的美学理论。帕克说的价值有两类，一是现实的价值，二是想象的价值，艺术就属于想象的价值。艺术就是“欲望在想象中的满足”，艺术的不同也就是欲望想象满足的不同类型而已。[③]

---

①李泽厚：《英美现代美学述略》，见《美学论集》，上海文艺出版社 1980 年版，第 498 页。
②李泽厚：《英美现代美学述略》，见《美学论集》，上海文艺出版社 1980 年版，第 500 页。
③李泽厚：《帕克美学思想批判》，见《美学论集》，上海文艺出版社 1980 年版，第 502 页。

心理分析也有其局限，如好坏、优劣的审美维度消失了，对美学原理所见甚少，而只是一种阐释。心理分析的另一动向是试图将深层心理学（即心理分析）和深层历史学（指从经济等基础来探讨历史和社会，并主要指马克思主义）结合起来。李泽厚认为这一倾向是“值得注意的”。①

在结语中，李泽厚对上述美学做了评价。其弱点是“缺少有创见有系统的理论性建树”。其特点是“避开对美学中的哲学根本问题，美学的哲学基础或美的本质等问题作理论探讨论证”，“常常由经验主义走向神秘主义”，并与当时的文艺创作相呼应。② 在积极意义上，概念分析、心理与艺术结构的关系、心理与历史的关系、无意识、格式塔问题都值得重视。

李泽厚的现代西方美学研究很少引起注意，在此对其评述用意在于强调李泽厚的学术前沿意义。李泽厚所关注的问题往往是最新的，比如对分析美学的引介，可谓国内最先，并且具有宏观的历史视角，层层分析：分析哲学与符号学都是语义学，而对美学评价迥异，分析哲学、符号论、新自然主义都是哲学美学，而心理学美学则不同，最后又对它们做总体评价。在评判标准上也并非那种绝对化的批判，而是细致分析其中的合理之处。实际上，李泽厚的现代美学研究成为他美学思想的重要参照系，如贝尔的有意味的形式、荣格的精神分析、阿恩海姆的完形心理学。从某种意义上说，李泽厚《美的历程》具有相当的理论意义早在十几年前就已经奠定了基础。在《美学四讲》中也同样可以看到这些思想身影。

《现代英美美学述略》大量引用原文，作者的评论言简意赅，可以视为中国第一手的美学资料，其学术价值尤为明显。不过其中仍有唯心与唯物、资

①李泽厚：《英美现代美学述略》，见《美学论集》，上海文艺出版社 1980 年版，第 503 页。

②李泽厚：《英美现代美学述略》，见《美学论集》，上海文艺出版社 1980 年版，第 504—505 页。

产阶级等的时代烙印。虽然还属简略，但为现代美学进入中国提供了巨大的推动力。

三、“美学译文丛书”的时代意义

李泽厚在 80 年代主编了两套“美学丛书”，一套是“美学译文丛书”，主要针对国外，一套是“美学丛书”，主要针对国内。严格说，丛书并不是本人的著作，但丛书具有特殊的时代意义。同时也体现着丛书编者本身的学术眼光、视野和气度等。

>> 在 80 年代产生重要影响的“美学译文丛书”（部分）

“美学热”同“丛书热”是分不开的。下一章要讨论的《美的历程》后来就收入了李泽厚主编的“美学丛书”之中。丛书不同于论文，它以大规模、系统化、持续性的方式展现美学的纵深发展和理论构架，给人的学术启迪也不同一般。在 80 年代初，美学丛书就有“美学丛书”“文艺美学丛书”

"美学译文丛书"等。这几套丛书都几乎贯穿了整个80年代,对当代美学发展的作用是不可替代的。

"美学译文丛书"历时10年,涉及辽宁人民出版社、中国社会科学出版社、中国文联出版公司、光明日报出版社等多家出版单位,收书40余种。这套丛书的初衷是对当时普遍创立体系的"闭门造车"倾向加以纠偏。丛书的实用目的很强,特别注重时代效应,"值此所谓'美学热',大家极需书籍的时期,许多人不能读外文书刊,或缺少外文书籍,与其十年磨一剑,慢腾腾地搞出一两个完美定本,倒不如放手先译,几年内多出一些书"。① 由此可以看出李泽厚对时代的负责任的态度。学术是历史性的,而思想是时代性的。李泽厚认识到完美定本的学术意义,但时代却可能更需要思想。如果80年代追求一种思想的严谨性,那么短短十年之后,随着时代氛围的变迁,有谁还会像原来一样再去关注这些译本呢?况且,翻译西学不可能一蹴而就,当学术日益发达的时候,完善译本自然有着不可取代的价值,但在思想勃发的时代,那种启发性、引导性或许更为紧迫。"美学译文丛书"注重所译的书"尽量争取或名著或名家,或当年或今日具有影响的著作"。从出版的书目看,基本实现了这一点,也可看出李泽厚作为一个思想家所具有的学术框架和理论视野。② "美学译文丛书"以出版时间早、持续时间长、所选名家多的特点,"成为新时期西学东渐的先锋,是当年最畅销的丛书"。③

当然,也不能对"美学译文丛书"的失误闭目塞听。最主要的失误在于

---

①李泽厚:《美学译文丛书序》,见《走我自己的路》,三联书店1986年版,第113页。

②有存在主义、接受美学、阐释学、精神分析等,其基本依据可以推至李泽厚的《英美现代美学述略》,如门罗、科林伍德、贝尔、阿恩海姆、桑塔耶拿、朗格、里德等。其他美学家则由于多种原因未能翻译出版。

③赵士林:《李泽厚美学思想的文化背景与当代价值》,载《华文文学》2010年第5期。

过于求量、求快而出现的译文质量参差不齐，以及编辑出版过程中的诸多失误。[①] 这一点已是定论，后来李泽厚也承认，并向读者致歉。[②] 李泽厚标举的“有胜于无”也有数量主义的嫌疑。尽管如此，要求“美学译文丛书”具有商务印书馆出版的“汉译学术名著丛书”和人民文学出版社出版的“外国文艺理论丛书”的学术水准也过于苛求。“美学译文丛书”是个人的学术行为，人力物力极为有限。而从其性质着眼，这套丛书属于读者如饥似渴的80年代，虽然是草创，但其影响一时、启发后学的历史功绩是不可否认的。

这里还可以提一下李泽厚主编的另一套丛书“美学丛书”。“美学丛书”与“美学译文丛书”同步，著作数量明显少于“美学译文丛书”，其原因在于，要在80年代初的条件下大规模出版中国的美学理论著作还不现实。但是，李泽厚认识到“光出翻译书而没有写作成果”的局限。写作的成果强调就是中国人自己撰写的美学著作，可以是原理探讨，也可以是中外美学史探讨，从其出版的书来看也是如此，介绍西方美学、中国传统美学和中国学者的美学理论研究是三个主要方面。

从学术意义上说，这种主编工作也许并不是李泽厚的美学成就，但却是其历史成绩：这两部丛书对推动“美学热”具有重要作用。除了这两部丛书外，1977年，李泽厚任新成立的美学研究室副主任，开始主编《美学》杂志（上海文艺出版社，1979年开始），在开启“美学热”上可谓时代的弄潮儿。“当时出版了一个《美学》杂志……人称‘大美学’。说是一个编辑部，实际上就我一个人在干，从策划到组稿到审稿到发稿。”[③]

另一方面，从学术负责的角度着眼，主编的问题远远多于独著，也会遭

---

①陈华中：《对李泽厚主编“美学译文丛书”的几点意见》，载《文艺理论与批评》1992年第6期。
②李泽厚：《关于“美学译文丛书”》，载《读书》1995年第8期。
③李泽厚著：《走我自己的路（对谈集）》，中国盲文出版社2004年版，第451页。

人诟病，李泽厚后来也坚决不再主编丛书，这一方面是因为主编本身的风险性，另一方面在于时代氛围的变迁，或者再也没有可以激起编者兴趣的历史阶段和思想潮流了。

70年代末、80年代初的李泽厚，既有着关注时代的历史责任，又有着推进中国美学的热情。因此，尽管主编丛书的问题很多，但能在80年代的时代氛围中自觉担起历史责任，这一点显示了李泽厚敢为天下先的勇气和毅力。从这一点来看，后来者不应一味否定，而应承认其价值并努力超越。

四、光环之下的师者形象

从70年代末到80年代末，李泽厚始终处于思想界的前沿位置。1979年4月，年近五十的李泽厚晋升为研究员。1980年6月，当选中华全国美学会副会长。1980年，任《中国大百科全书》哲学编委会委员和美学学科主编，当选中华全国美学会副会长。1981年，被聘为国务院学位委员会哲学评议组成员（任期1981年—1991年）。1982年赴美讲学。1987年受邀赴新加坡任东亚哲学研究所（今东亚研究所，新加坡国立大学下属独立研究机构）高级研究员。1988年当选为巴黎国际哲学院院士。李泽厚在80年代成为国内外名动一时的学术大家。

李泽厚说："1987年去新加坡，国立大学中文系主任说，我们很早就读过李泽厚的名文，获益匪浅。我当时脸红了。"同样的现象还发生在日本。"80年代初去日本，一些日本同行都很惊讶地对我说，以为我应该是白发苍苍的老者。"人们无法相信这个声名如雷贯耳的大学者才50出头，在一些人眼中李泽厚似乎应该是和朱光潜一样年纪的。

李泽厚学术声望日隆，对知识分子而言，有一个"学而优则仕"的传统，

>>80 年代的李泽厚和他的部分学生们，他对学生们的要求是“独立思考”

但李泽厚对做官并不感兴趣，尽管他有做官的机会。80 年代，社科院确实想提拔李泽厚当副院长，或明或暗说了多次。李泽厚对这件事兴趣不大。这不是故作清高，而是因为李泽厚对当官有自己的看法，他认为：“当官有什么好处？第一是有汽车，对我不是很重要；第二是有秘书，我不需要；第三是房子大一点，但我后来住的房子和副院长一般大，对门就是常务副院长。而且当官有个坏处，要开各种各样无聊的会。用三个没必要的好处换这个坏处划不来。我这个人一辈子最讨厌开会，现在也是，包括学术会议，觉得无聊。”①

李泽厚在80年代始终是一位思想的先锋和导师。赵汀阳认为，李泽厚应该是80年代最有影响力的思想家，从哲学、历史学到美学，都有当时最突出的成就，在学界和文化界几乎无人不晓。面对80年代的思想导师，太多的人希望成为李泽厚的学生。虽然他并不很想带学生，但哲学所的领导多次找他谈话，他只好答应招收研究生。

1984年，北京大学哲学系学生赵士林硕士毕业后，准备报考李泽厚的博士生。但是，在进入考场面对试题的时候，大家都懵了。赵士林说：“他招的专业是中国美学史，考的题是西方哲学史，一道中国美学史的题都没出，没人像他这样出题的！我只得了20几分，很多人都是0分，相对来说，我是不错的了。”赵士林回忆，李泽厚有两个招生名额，最后只招了赵士林，他成了李泽厚第一个博士生。为何这样出题？赵士林觉得李泽厚那样出题是有道理的：“做关于中国的学问，不懂西方，没有比较的视野，那也是做不好的。”

硕士生的考试同样热闹。1985年，24岁的赵汀阳从中国人民大学哲学系毕业后，报考了李泽厚的研究生。他就是冲着李泽厚这个名字去的。到考场后，赵汀阳发现，整个教室60人全都是报考李泽厚研究生的。“听说别的教室还有，这只是一个考点，全国还有很多考点。”拿到试卷，赵汀阳吃了一惊：“他规定答每道题不许超过500字，超过了倒扣分。”成为李泽厚的学生之后，赵汀阳问他为什么这么规定。李泽厚说，500字还说不清楚，证明这个人脑子糊涂至极。他是考学生的脑子是不是足够清楚。

赵士林说：“他对学生既严厉又宽松。我的一些想法他听了以后毫不客气地否决，但我写博士论文的时候，他说，你的论文，爬着写、走着写、滚着

①卫毅、施雨华：《八十李泽厚：寂寞的先知》，载《南方人物周刊》2010年第20期。

写、躺着写,我都不管,只要符合我要求。”他们都清楚地记得,李泽厚写文章都是自己动手,从来没有让学生帮他查过任何一条材料。“这不是突出的德行,而是基本的规范,我也不让学生帮忙查资料的。现在很多老师的活让学生干了,与抄袭无异。”赵汀阳说,“他要我们独立思考,而不是简单追随他的思路,这种态度非常了不起。”①

尽管李泽厚在社科院哲学所并没有带多少个研究生,②但无疑整个80年代,李泽厚都被视为青年导师,尤其是他的《美的历程》更是青年学子的枕边书,伴随着一代人的成长。

①卫毅、施雨华:《八十李泽厚:寂寞的先知》,载《南方人物周刊》2010年第20期。

②80年代李泽厚的研究生有:徐恒醇、滕守尧、王至元、刘韵涵、孙非、赵士林、赵汀阳、刘东、杨煦生、彭富春、黄梅、周晓燕等。

第六章　审美意识

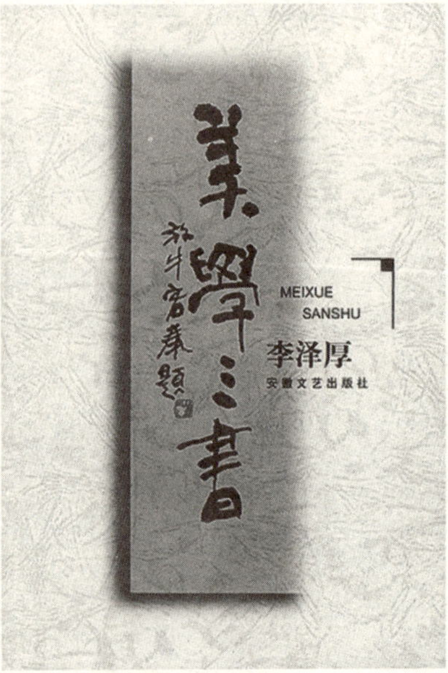

>>1999 年,“美学三书”第一次结集出版

在经过前五章对李泽厚 80 年代以前的美学思想和成绩作出评论之后,现在终于可以进入对李泽厚成名作——《美的历程》的讨论了。《美的历程》是李泽厚“美学三书”(即《美的历程》《华夏美学》《美学四讲》)的第一部,[1]立意高远,虽字数仅十数万字,但颇有境界。

①《美学三书》1999 年在安徽文艺出版社首次合订出版。由于这三部书每部书的篇幅都不长,在 15 万字以内,全部仅 40 余万字,故合订出版。不过,李泽厚的美学书应为“四书”,1980 年出版的《美学论集》是其早期重要代表作。

一、中国美学史的肇端

《美的历程》是李泽厚80年代出版的第二部美学论著，该书一经出版就一炮打响，并且长盛不衰。这本书也成为李泽厚时代前沿思考的集中体现之一。

在《美的历程》的开篇第一页李泽厚就标举了其“积淀说”：“时代精神的火花在这里凝冻、积淀下来，传留和感染着人们的思想、情感、观念、意绪，经常使人一唱三叹，流连不已。”①从以上分析可知，李泽厚的“积淀”理论早在20世纪五六十年代就萌发（当时使用的是“沉淀”），而在《批判哲学的批判——康德述评》一书中系统成型，其他如“自然人化”“实践理性”等也同样如此。

李泽厚曾对《美的历程》的酝酿有一个说明：“如‘伤感文学到红楼梦’50年代就已经有了。盛唐的思考是60年代，那时我下放到湖北干校，在农田劳动，忽然间张若虚的《春江花月夜》浮现脑际。当时对《春江花月夜》是严厉批判的，认为是颓废文学，可是我觉得它是成熟期的青少年对人生、宇宙最

---

①李泽厚著：《美的历程》，文物出版社1981年版，第1页。

初觉醒的'自我意识',是通向'盛唐之音'的走道。'青铜饕餮'是70年代写的"。[1] 李泽厚自己说,最后完成的时候,只用了几个月,但思考的时间很长。[2]

《美的历程》虽然出版于1981年(文物出版社),不过,其写作年代仍是70年代末之前。前面已说明,《美的历程》的雏形在《审美意识与创作方法》,李泽厚用现实主义浪漫主义作为线索简论中国艺术史,虽然失之简单,但大的历史框架和意向已经存在。

《美的历程》是李泽厚的读书札记,酝酿20余年,为何突然写就?除了"文革"对文艺、审美的压抑及学科分化(文学史、哲学史、艺术史等)等原因之外,这不能不提一下后来出版的《中国美学史》。1978年,李泽厚提出要写一部三卷本的《中国美学史》,原因在"古今中外似乎还没有这种书"。于是,李泽厚"整理了过去的札记,出了本《美的历程》,想粗略勾画一个整体轮廓,以作此书导引"。[3]《美的历程》正是在这种学术拓展的第一步。

此书虽名为《美的历程》,却不是一般意义上的"美的历程",而是中国人的审美意识(主要是艺术审美意识)的历程。因此,《美的历程》是第一部中国审美意识史,还不算严格意义上的美学史,即作为知识化、理论化形态的美学史。在《关于中国美学史的几个问题》(1981)一文中,李泽厚区分了两种美学史,一种是广义的美学史,研究中国人的审美意识的发生、发展、变化的历史,另一种是狭义的美学史,即文献和理论形态的审美意识史。[4] 前者即是《美的历程》所探讨的,而后者则是《中国美学史》(第一、二卷)所讨论

---

①《李泽厚:我和八十年代》,载《经济观察报》2008年6月9日。
②《1981年:李泽厚〈美的历程〉风行中国》,载《新京报》2008年10月18日。
③李泽厚、刘纲纪主编:《中国美学史》第一卷,中国社会科学出版社1984年版,"后记"。
④李泽厚著:《李泽厚哲学美学文选》,湖南人民出版社1985年版。

的。中国美学史不同于中国文艺批评史，后者在20世纪20年代即有开创，但中国美学史（广义）直到《美的历程》一书才真正开创。所谓的开创是就成果而言，并不是说此前其他学者并无写作中国美学史的计划。如宗白华在60年代初有编写“中国美学史”的计划，但由于多种条件的限制最终未能编成。

1984年和1987年，李泽厚与刘纲纪出版了《中国美学史》第一、二卷，魏晋以后再无下文，成为未完成的“半部”中国美学史。《中国美学史》为刘纲纪执笔，李泽厚定稿，有许多观点属于李泽厚，如“天人合一、味觉美感、四大主干（儒、道、骚、禅）、孔子仁学、庄子反异化和对人生的审美式态度、原始社会传统是儒道两家思想的历史根源等”。① 他的这些思想主要落实在《中国古代思想史论》中。

对中国美学的特点，李泽厚概括为四个方面，即“乐为中心”“线的艺术”“情理交融”“天人合一”。而“乐为中心”后来就发展为李泽厚的“乐感文化”。“线的艺术”是表情的艺术，就是以音乐、舞蹈、书法（宗白华的看法）为代表的艺术。而这一观点也早已进入《美的历程》的叙述之中。“情理交融”上接五六十年代中所提出的典型理论（形、神、情、理）。“天人合一”则成为儒学第四期“自然的人化”“人自然化”的重要资源。从70年代末期以来，李泽厚在美学文化维度提出的观点是其以后一直思索的主题。

前引中国美学“四大主干（儒、道、骚、禅）”说，首次提出是在《宗白华〈美学散步〉序》（1980）中：“‘天行健，君子以自强不息’的儒家精神、以对待人生的审美态度为特色的庄子哲学，以及并不否弃生命的中国佛学——禅

①李泽厚、刘纲纪主编：《中国美学史》第一卷，中国社会科学出版社1984年版，“后记”。

>> 1981年春，在北京大学未名湖畔，时《美的历程》刚刚出版。李泽厚说："未名湖畔，那也是消逝了我的年轻时光的美的地方啊，我怎能忘怀。"

宗，加上屈骚传统，我认为，这就是中国美学的精英和灵魂。"①这些已先期体现在《美的历程》之中，只是对禅宗的论述还尚需扩展（尽管专门论述了佛教），其完整体现则是在《华夏美学》中。李泽厚将屈骚、禅宗作为中国美学的重要传统，显然是独具慧眼的，呈现了中国美学的多元传统，推动了四大美学传统的互动研究。

①李泽厚著：《李泽厚哲学美学文选》，湖南人民出版社1985年版，第451页。

二、《美的历程》：中国审美意识掠影

《美的历程》开篇便是摄人心魄的“龙飞凤舞”。“龙”“凤”是巫术活动的象征符号(图腾)。巫术、图腾不是美的对象，而是宗教的对象，或者是宗教的象征物。中国最大的两个图腾便是龙和凤。龙飞凤舞也是场面壮大的祭祀活动。诗歌、音乐、舞蹈等无不参与其中，还有各种动物、植物及各类牺牲，呈现出原始歌舞的神秘力量和无穷魅力。《楚辞》中的《九歌》就保留了祭祀的场景。但祭祀的对象后来从自然神崇拜演化为先祖崇拜，而先祖多是英雄，故先祖崇拜即英雄崇拜，都在追求一种超越有限时空的不朽。这一过程的发生当有理性力量的触发，同时也标志着人的力量的崛起。原始歌舞之所以是原始，不是因为诗、乐、舞的不分，而毋宁是说原始舞动具有着宗教、道德、政治等多重意味。新石器时代的重要特征是陶器的发明。陶器是实用工具，但陶器本身的体式、纹样、符号、图画、线条等却是“有意味的形式”。

原始社会是普世的“巫术礼仪”，而奴隶制社会的精神形式则演变为“巫史文化”。奴隶制社会是等级社会，“礼”的规范被确立了。巫不是独立的，而是通天(神)人的。在理性发达时代之前，神化思维依据占优势，只是比原始社会更具有专属性和统治性。此时的巫师同时也是思想家。[①] 他们也是这个时代合法统治权力的重要来源。这些统治力量的体现之一就是青铜工艺。李泽厚用“狞厉的美”来概括。青铜饕餮纹饰象征神秘、威严、恐怖，这种意味是通神、镇邪、消灾、保福，而在奴隶制社会则成为统治工具，象征着

①李泽厚著:《美的历程》，文物出版社 1981 年版，第 35 页。

王权本身的凶猛威力、辉煌历史、至高无上和不可侵犯,同时也是万民福祉的来源和保证。奴隶制发展了社会生产力,同时也强化了专制力量。青铜饕餮发端于文明之初,洋溢着人的自信,虽凶猛但稚气仍在,因而具有着“人类早期的童年气质”。在青铜时代,文字已经发达成熟了。这一惊天地泣鬼神的文化创举将人类彻底推入文明的进程,人类的精神财富得以大规模增长。汉字与陶器青铜一样,原不是纯艺术的,但包含着艺术的意味。甲骨文、金文皆是如此。汉字比陶器纹饰的线条更为抽象,它不依附于物质,其自身便有意义,这种意义是可组合、衍生的。汉字是象形文字,是“净化了的线条美——比彩陶纹饰的抽象几何纹还要更为自由和更为多样的线的曲直运动和空间构造,表现出和表达出种种形体姿态、情感意兴和气势力量……终于形成中国特有的线的艺术:书法。”①甲骨文、金文是中国书法的最初形态。金文之后是篆书,篆书的意义在于,它不仅是书法艺术之一种,而且是篆刻的文字载体。当历史的车轮从青铜时代走出的时候,青铜艺术也在降解。青铜器的宗教内涵进一步消失,相应的,其实用功能也日益广泛应用于生活中的各个方面。故此,青铜艺术越来越生活化、情味化和精巧化,不如先前狞厉神秘了。当然,这也是其“终结之处”。②

先秦理性主义成为中国的文化—心理结构。孔子的作用不可忽视,他将文化的重心从神、礼转向了仁。从神到人是人性化(人间化),从礼到仁是内在化(情感化)。孔子对神存而不论,对礼却是吸收其规范性,而没有放弃。礼的节制性内化为仁的自律性。礼与乐相关,乐具有与礼一样的崇高地位,对人伦关系、社会关系、政治关系谐和完善具有举足轻重的作用,故有

---

①李泽厚著:《美的历程》,文物出版社 1981 年版,第 41 页。
②李泽厚著:《美的历程》,文物出版社 1981 年版,第 48 页。

"礼乐文化"之称。乐的特性是指向情感的。如果说礼是等级性、秩序性,那么乐则是普遍性的。但是情感不是肆无忌惮的泛滥,而是受制于理性原则,这个理性原则就是"和"。儒家在艺术手法上的贡献是《诗经》中的"赋、比、兴",赋是敷陈直言,比兴则是借助特定的外物表现特定情感。与"赋、比、兴"相关的是"风、雅、颂"。三者中,集中的审美内容是国风。但产生于周初至春秋晚期的《诗经》已不再是巫史文化的产物,而是理性时代的产物,此时的艺术脱离了宗教的神秘性、部族的集体性,而走向了艺术创作的个体性、情感性。这种个体性、情感性的诗歌同先秦说理散文均是先秦理性主义高涨的产物,后者在一定意义上体现的正是"赋"的原则。李泽厚在此处强调了情感的重要性,认为说理散文重在感情,而非形象。先秦理性精神的另一艺术体现是中国建筑艺术。中国建筑多土木建筑。土木建筑的特点是柔和,这一柔和的另一解释是,它源于先秦实践理性的人间性,而不是宗教神性。土木建筑的生活性强调可亲近、可栖居、可思念。中国建筑不是独体的,而是合体的,院落分明,环环相扣。这种空间感实际上蕴含着时间感。那种宗教性的突兀性的巨大空间让位于生活的"时间进程"。中国的建筑并不一味追求对称,而是追求一种合理性(秩序性、层次性等),合理性可以是对称的,也可以是不对称的。对称只是合理性的典型体现而已。故而,中国建筑的呼应、直线、三角等层出不穷,但都表现着一种与生活相一致的合目的性。中国建筑艺术深刻体现着"平面铺展的理性精神"、空间时间化与生活化的特征。

中国艺术并非实践理性一途,另一途就是李泽厚所说的"楚汉浪漫主义"。如果说儒家将原始巫术文化理性化了,而楚地则保留了这一点,原因或许在于江南山水的自然文化景观的深入人心,还有南方在当时还不是中国的文化中心,理性的约束力弱。起于南方的汉王朝,其文化主要是楚文化。先秦理性的现实政治运作并非一开始就出现在汉代。即使在汉武帝时代,儒家文化获得了独尊地位,楚文化的基因也同样深入汉代人心中。西汉时期发达的神话传说的撰述恐怕并非先秦理性主义的产物。汉代文化可以说是对巫术文化的再次重温,并且成为帝国普遍的精神底色。故而,李泽厚认为楚汉浪漫主义是中国艺术的“又一伟大艺术传统”。[①] 楚汉浪漫主义主导着西汉艺术的发展,不仅体现在诗歌、汉赋、神话上,还体现在汉代工艺品所呈现的“琳琅满目的世界”中:神仙世界、历史故事和生活场景。在这里,神仙不是高高在上,而是人神共娱,历史故事不是单纯的教化,而是充满想象的历史再创造,并且表现着对世俗生活的执着的热情。汉代的精神世界是无比阔大的,从神到人,从人到物,从空间到时间,可谓无所不有。汉赋便是其代表,那种恢弘铺排、层层描述,都在难以遏制地试图展现一个由衷感到认同的世界生活场景。汉代,国力强盛,物产富饶,开疆扩土,气势恢宏。汉代浪漫主义深刻体现着“人间力量”和“对物质世界的直接征服和巨大胜利”。[②] 如果青铜时代是童年,那么楚汉则是少年,英姿勃发,在大胆地建功立业。楚汉的浪漫主义不是纯粹精神意义上的,而是与生俱来的,与帝国的物质基础(政治、经济、军事、科技)相一致。可以回想那句“犯强汉者,虽远必诛”的话,那种自信扑面而来,更何况是对艺术了。可以说,“一往无前不可阻挡的气势、运动和力量,构成了汉代艺术的美学风格”。[③] 这种重气势、冲击力的美学风格不可能是纤细精巧的,而是“古拙”的。这种古拙展现的是力的美。从审美价值上说,汉代造型艺术也是后世所远远不能达到的。在构图上,汉代艺术“铺天盖地”,但却体现着心力勃发的难以遏制。这种饱

①李泽厚著:《美的历程》,文物出版社1981年版,第70页。
②李泽厚著:《美的历程》,文物出版社1981年版,第81页。
③李泽厚著:《美的历程》,文物出版社1981年版,第83页。

满、自信、实在、直接、古拙正是汉代人心灵的鲜明体现。

魏晋最重要的特征就是人的觉醒。人的觉醒是人的自我反思，汉代那种激扬向上的乐观主义在汉末以来的社会大动乱中荡然无存。帝国破碎了，代之而起的是门阀和士族。新兴的门阀在自己的领地内保持着生产的热情，注重经世致用，汉代后期那种繁琐、谶纬已完全没有了市场。此时兴起了魏晋玄学。表面看这一抽象的思辨思潮没有什么积极的意义，实际上，汉代大一统衰落之后，思想自由的局面迅速打开，上层贵族的精神世界随之丰富起来。他们衣食无忧，因而专注于精神世界的营造，论辩、品评兴起。人的觉醒便是这一时期的主题。帝国破碎的代价是人生的离乱，一个大动乱的时代开始了。有别于乐观主义，此时的怀疑论盛行。人总是由于失去而珍惜，由于不可能而执着追求。意义的饱满、人生的不朽、精神的畅达成为人生的不可得之物，但却成为人们孜孜以求的东西。物质上的享乐主义、精神上的哀伤主义和政治上的功利主义并行不悖，构成了这一时期的艺术底色。它不再是那种一味的乐观，而是一种忧伤的乐观，是看破红尘之后的再进入。这一点正是人生意趣、情性的凸显，有别于汉代对道德的重视。对人生意趣、情性的重视自然转向了人物品评，“内在的智慧，高超的精神，脱俗的言行，漂亮的风貌”成为重点。这一批门阀士族，过早地看到现实的虚幻本质，故而将思想的锚落在虚无之上，有无之辩就是这时期的哲学主题。而在艺术上，“言不尽意”“气韵生动”“以形写神”便成熟起来，成为“影响久远的中国艺术—美学原则”。[①] 魏晋时期是一个侧重精神的时代，这就是“魏晋风度”。魏晋时期，“三不朽”中的“立德”早已是明日黄花，“立功”则由于帝国的破碎而不再成为重心，最低层次的“立言”被凸显了。“立言”即文章。

①李泽厚著：《美的历程》，文物出版社1981年版，第95页。

>> 莫高窟第 248 窟，苦修像，北魏，身形瘦削但内涵智慧

对文（还包括书法、绘画等艺术）的纯粹自觉性的重视正是在这个时代。文是生命意义的体现方式。这个时代成就最高的两个优秀代表就是慷慨任气的阮籍和冲淡平和的陶潜。[①] 李泽厚对他们是极为推崇的。

佛教从汉代便进入中土，在魏晋南北朝、唐、宋均有不同的发展，其艺术体现是石窟艺术。李泽厚用三阶段来说明。第一阶段是北魏，艺术内容是印传佛教故事（佛本生）："割肉贸鸽""舍身饲虎""须达拏施舍"等等，其画面悲惨沉重，但通过这种悲惨，人们意识到自我牺牲（戕害）对抵达意义的重要性，在这里，承受痛苦即意味着反抗压迫。同时，这种比现实更真实、更痛苦的超现实的痛苦也客观上给人以安慰，缓解现实的焦虑不堪。石窟艺术的重心是雕塑。雕塑的佛的神情是对世界"完全超脱"。这种超脱显现的不是漠不关心，而是普度众生的博大胸怀，佛法无边，故而才为众生顶礼膜拜。佛像身体瘦削而内涵智慧，超脱现实，成为魏晋时期士族的精神寄托。第二阶段是唐前

①李泽厚著：《美的历程》，文物出版社 1981 年版，第 103 页。

期。唐帝国的建立,纷乱的时代结束了,经济发展,生活富足,佛教石窟艺术也日益洋溢人情味和富有亲切感。[①] 悲惨的世界让位于大团圆的欢喜世界。而到了第三阶段中唐之后,特别是宋代,佛教石窟艺术彻底走向世俗的现实,生活场景、现实生活、历史故事成为主题。人物也从魏晋的佛教人物、隋唐的上层贵族转变到历史人物。佛教也中国化为禅宗而走向了衰落。而在三阶段中,北魏石窟以其理想性而彰显出石窟艺术的审美意义。

唐代是中国艺术的高峰。唐代如汉代一样,开疆拓土,气势宏大,激扬着建功立业的雄心和抱负,洋溢着发自内心的自信和气度。李泽厚用"青春"来形容,其代表便是李白。李泽厚提出了两种盛唐说,分别以杜甫和李白为代表。李白为浪漫主义,杜甫为现实主义。李泽厚将李白、张旭等视为"冲决"的盛唐,内容溢出形式,将杜甫、颜真卿等视为"立新"的盛唐,形式结合着内容。与杜诗、颜字并称的还有韩愈文章,他们对后代的影响巨大。杜诗、颜字、韩文的美学特征是"把盛唐那种雄豪壮伟的气势情绪纳入规范",[②] 从而有法可依,为后世立下了美学规范。李泽厚将书法的最高成就定在唐代,特别是狂草。在唐代之初,王羲之的地位大为提高,可以视为初唐美学的审美特征。到了盛唐,张旭、怀素(李泽厚将其列入盛唐)的草书达到了与李白相一致的狂放不羁的美学境界。与此相类的还有音乐、舞蹈,无比汪洋恣肆、纵横捭阖。李泽厚说,绝句(入乐)、草书(线条)、音乐、舞蹈这种"音乐性的美",将"中国传统重旋律重感情的'线的艺术',推上又一个崭新的阶段",也真正成为"盛唐之音"。[③]

其实,按照李泽厚的理论,杜诗、颜字、韩文更属于中唐。但李泽厚所理

①李泽厚著:《美的历程》,文物出版社 1981 年版,第 116 页。
②李泽厚著:《美的历程》,文物出版社 1981 年版,第 140 页。
③李泽厚著:《美的历程》,文物出版社 1981 年版,第 138 页。

解的中唐是“普遍达到诗、书、画各艺术部门高度成就”的时代。中唐文艺“五颜六色，多彩多姿”，“各种风格、思想、情感、流派竞显神通，齐头并进”。[1] 在李泽厚看来，中唐最突出的特点在于“个性突出”。所谓个性突出在于诗人本身的内在精神，而不是以外物概括。中唐既是全面开花的时代，也是内在矛盾酝酿的时代。此时，“道”逐渐凌驾于“文”之上，同时，随着唐帝国边疆的收缩，政治事功不再是人生意义的必然保证，无奈、失落和失败开始出现。另一方面，文人自身在公私、内外也呈现矛盾状态，如何安顿焦虑的心灵成为文艺的主题。中唐以后，文艺开始走向了心境，那种注重日常生活感情的词逐渐发达。中唐以后的人，将注意力放在艺术作品所呈现的心灵审美境界之中，这便是“韵外之致”。韵味、趣味、神韵成为此时文艺思潮的关键。苏轼是这一美学倾向的代表。苏轼是矛盾的。因为矛盾所以追求平衡，不是对事功孜孜以求，而是体现着封建士大夫的责任，一生遭遇挫折，但从未归隐。苏轼发现了陶潜，并进行“苏化”的过滤。苏轼文艺思想的退避、厌弃的必然发展便是对封建社会的反抗，影响波及《红楼梦》。[2]

从艺术类型上说，绘画在宋元时代达到高峰。山水画是比较晚熟的，按照李泽厚的理论，与社会生活越相近的主题其成熟得也就越早，先是具体的人事，然后是牛马等生产工具，最后是山水花鸟。山水画在宋元达到高峰是因为世俗地主取代门阀士族，其起于乡村的身份使得他们对山水情有独钟。故而，中国山水画是“世俗地主的艺术”。[3] 其时禅宗的自然态度也构成了山水画的思想条件。宋元山水画共分三个阶段，第一阶段是北宋体现“无我之境”的全景山水，第二阶段是南宋追求细节忠实和诗意的院体画，并开始向

①李泽厚著：《美的历程》，文物出版社 1981 年版，第 148 页。
②李泽厚著：《美的历程》，文物出版社 1981 年版，第 164 页。
③李泽厚著：《美的历程》，文物出版社 1981 年版，第 167 页。

无我之境过渡。最后到了元代，则完全是有我之境，以元四家为代表的文人画“更强调和重视的是主观的意兴心绪”。[①] 要达到主观意绪，不可缺少的是对线条、笔墨的重视。这不同于北宋的多样、南宋的精巧，而是笔墨意趣，审美原则也从“法自然”到“法心源”。

“有我之境”彰显的正是浪漫的个性。对个性的强调是新兴市民的生活内容。他们需要更贴合实际的艺术精神形式和内容，于是市民文艺（说唱、戏曲、木刻版画）勃然而兴。商品经济的发达使挣脱封建束缚、追求自由畅达的愿望越来越强烈。此时有李贽的“童心说”，反道学反虚伪。公安派接受李贽影响，强调“独抒性灵”。在散文领域，生活化的散文出现了。体现同一思潮的还有《西游记》和《牡丹亭》。《西游记》的浪漫奇想自不待言，而《牡丹亭》对情的强调，更显自由精神。这一思潮在清初遭遇重创，感伤主义盛行，但感伤的不是家国，而是人生。人生的无常、空幻也就构成了对封建社会合法性的有力冲击，因而具有了一种批判的因素。《红楼梦》就是这一批判成熟化的成果。除了工艺总体上体现市民文艺外，明清绘画也大抵呈现出浪漫主义、感伤主义和批判现实主义。

三、理论内涵、赞誉及其问题

《美的历程》论及的艺术种类繁多，有工艺（陶器、青铜、瓷器）、绘画（壁画、人物画、山水画）、雕塑（石窟）、文学（诗、散文、赋、小说、词、曲）、戏剧（戏曲、杂剧、传奇）、音乐、舞蹈、书法、建筑等等，包罗了绝大部分艺术类型。从时间上，《美的历程》从远古图腾开始，依次讨论夏商、先秦（周）、楚汉、魏

①李泽厚著：《美的历程》，文物出版社1981年版，第180页。

晋、南北朝、盛唐、中唐、宋元、明清时期的审美意识，历经八千年。可以想见，这一涉及众多艺术门类的漫长的历史，用10多万字来述论，是需要多么高超的剪接组织技巧。

观《美的历程》，可谓“匠心独运”。全书共十章，章节标题以四、六字居多，简洁明快，令人过目不忘。标题新颖独特，概括精当，可以看出作者的用心。章节安排平衡适中，详略得当，主题内容往往参差错落、不时呼应。不是生硬地按朝代划分，而是大历史视角的展现。在结构组织技巧上，强调审美发展的阶段性和过渡性（三境界），选择高峰（六朝石窟、唐诗、宋元山水画）来论述，注重双美，而不是横加褒贬，还以突出的代表（阮籍、陶潜、李白、杜甫、苏轼）作为全书的亮点。《美的历程》绝非平铺直叙，而是剪接配合。书中既有明确的断语，也有作者的疑问、试探、追思和感叹。全书文笔流畅，史论结合，新见迭出。这些使得《美的历程》不仅具有学术著作的体系丰赡、论述详备，而且具有个人性的审美感悟，因而有着与学术影响不同的社会文化影响。

但这绝不是说《美的历程》没有学术意义。李泽厚还在书中广泛引用考古资料和出土文物，以及前人和他人理论，虽然在局部有疏漏，但总体上保证了论述的说服力。同时，为了避免学术的武断，作者还经常使用揣测语词（如似乎、或许、可能等），在论断上留有余地。这避免了臆说，从而呈现了学术性和思想性的双重效应。在线索组织上，李泽厚没有用以唯心、唯物为线索的做法，而是以事实、文本为依据，具体说明中国审美意识的发展和变化。尤为可贵的是，《美的历程》是一部独特和具有丰满理论内涵的著述。李泽厚重要的美学理论学说几乎一一登场，这种理论的重量使得《美的历程》具有着超越一般艺术欣赏的永久理论魅力。

首先是“积淀”理论。强调感性积淀着理性，形式积淀着内容。如原始社会的巫术，其特征是将自然物赋予特殊的意义，自然物本身"已经积淀了社会内容"，而官能感受则"积淀了观念性的想象、理解"。[①] "自然形式里积淀了社会的价值和内容，感性自然中积淀了人的理性性质。"[②]"内容积淀为形式，想象、观念积淀为感受"，[③]并感受到那"通过美学形式积淀着的历史的现实和人生"。[④] 李泽厚对贝尔的"有意味的形式"理论加以积淀化的改造。有意味的形式具有社会内容，这种有意味的形式随着社会的发展而变化。

其二，"自然人化"理论。自然在人的实践劳动的过程中发生变化，美也就产生了。在旧石器时代的论述中，李泽厚娴熟地使用"自然人化"的理论。人类"对使用工具的合规律性的形体感受"是现实的物质生产，是真正的物化活动，而工具之上的"装饰品"则是想象性的精神生产，是物态化的活动。而"后者则是包括宗教、艺术、哲学等胚胎在内的上层建筑"，其成熟形态就是原始社会的"巫术礼仪"，也就是"远古图腾活动"。[⑤] 这一区分是《美的历程》的逻辑起点，美的历程正是后者的历程。自然不仅指大自然，还指人类之外的一切事物。李泽厚用"人的本质的对象化"来论述汉代艺术，认为汉代艺术的真正主题是"人对客观世界的征服"。[⑥]

其三，政治经济学维度的"社会意识—经济基础"理论。《美的历程》以社会性质变迁为纲，将中国社会划分为原始社会（远古）、奴隶制社会（殷商、周、楚汉）、早期封建社会（魏晋六朝、唐前期）和晚期封建社会（中唐至宋元明清），文艺成为相应时代的精神表征形式。具体的社会分期并不重要，重

---

①李泽厚著：《美的历程》，文物出版社 1981 年版，第 4 页。
②李泽厚著：《美的历程》，文物出版社 1981 年版，第 11 页。
③李泽厚著：《美的历程》，文物出版社 1981 年版，第 19 页。
④李泽厚著：《美的历程》，文物出版社 1981 年版，第 113 页。
⑤李泽厚著：《美的历程》，文物出版社 1981 年版，第 5 页。
⑥李泽厚著：《美的历程》，文物出版社 1981 年版，第 73 页。

要的是人类历史的精神嬗变。这就涉及当时社会的统治阶级和主流阶级。《美的历程》从中国不同时代的主流阶级——巫师、贵族、门阀士族、地主、市民等来解说文艺思潮的发展,还有援引马克思关于宗教的看法——“宗教是被压迫生灵的叹息,是无情世界中的情感”。[①] 宗教艺术有着麻痹精神的作用,也有着反抗现实的因素。但随着经济的发展,世俗生活逐渐取代了宗教,这是中国实践理性和社会发展等多重因素作用的结果。

其四,文化—心理学维度的“文化—心理结构”。汉民族的“文化—心理结构”是由先秦理性主义所奠定的,其中主要是儒家和道家。故而,李泽厚提出“儒道互补”说,认为“儒道互补是两千年来中国美学思想一条基本线索”。[②] 这一点在《中国古代思想史论》《华夏美学》等书中有进一步的论述。在艺术上也是如此,儒家对群体性与道德规范极为强调,其艺术多体现中和、中庸、中道的精神。而道家则重个人与自然,其艺术多体现浪漫、自由、个性的特征。先秦理性主义主要是“实践理性”,注重实用、日常、生活和人间,不是超越的、宗教的、来世的。孔子强化了实践理性在日常生活中的重要性,整个社会的精神重心也从神转到人,从礼转到仁。

其五,艺术本体维度的多样话语。李泽厚广泛使用“现实主义、浪漫主义”二分法,前者已经弱化,浪漫主义则凸显出来。还有情、理、景的辩证关系,强调“主观的客观化”,即情与景、物的关系。感情不是毫无凭借的,而是借助外物,通过客观化而呈现出美的状态。李泽厚特别提出“线的艺术”的说法。李泽厚认为,色彩和线条是造型艺术(陶器)的两大因素,但线条是更为发达时代的产物。陶器形式便产生在新石器时代。其后书法、绘画等无

---

①李泽厚著:《美的历程》,文物出版社 1981 年版,第 111 页。
②李泽厚著:《美的历程》,文物出版社 1981 年版,第 49 页。

不体现着线条的美。线的艺术具有“音乐性的美”。线条具有时间性,在这一点上,书法、音乐、舞蹈是相通的。

其六,《美的历程》中对美学理论的认识。李泽厚认为,中国美学史与中国文艺批评史在内容上多有融合,但在性质上,中国美学史是从哲学角度来看艺术、美的问题。他认为《沧浪诗话》在对审美特征的把握上远远超过了《文心雕龙》,[1]尽管后者也包括重要的美学内容,它与《乐记》《文心雕龙》一样,都是中国古代的美学专著。

《美的历程》并非李泽厚学术上的代表作,但其影响巨大。对全书的评价,最著名的是由冯友兰作出的:“《美的历程》是一部大书(应该说是几部大书),是一部中国美学和美术史,一部中国文学史,一部中国哲学史,一部中国文化史。这些不同的部门,你讲通了。死的历史,你讲活了。甚佩,甚佩。”[2]

薛富兴对李泽厚在80年代的学术影响有一个概括:“风骚一领是十年”。[3] 不过他主要就《美学四讲》而言。实际上,就《美的历程》而言,这个概括似更恰当。80年代“美学热”受《美的历程》巨大推动,影响广泛。《美的历程》在80年代出版印刷次数甚多,先后由文物出版社与中国社会科学出版社出版,畅销80年代,在大学生当中几乎可以达到“人手一册”的程度。《美的历程》还先后被译成英文、德文等多种外文出版。[4]

对《美的历程》作出更为具体评价的还有章培恒。他认为,李泽厚在《美的历程》中坚持魏晋封建说,从而将魏晋文艺的积极价值展现出来。另外,

---

①李泽厚著:《美的历程》,文物出版社1981年版,第159页。

②冯友兰给李泽厚的这封信刊于《中国哲学》第9辑,三联书店1983年版。

③薛富兴著:《分化与突围:中国美学1949-2000》,首都师范大学出版社2006年版,第183页。

④Li Zehou, *The path of beauty* : *A study of Chinese aesthetics* , translated by Gong Lizeng, Beijing : Morning Glory Publishers ; Chicago : distributed by Art Media Resources, 1999.

李泽厚对汉赋的评论也超越于一般的形式主义，对新乐府的评价则非常清醒地看到其政治化的弊端。在章培恒看来，这些都是很有独到见解的。[①]

进入90年代以后，《美的历程》的出版销售也长盛不衰，在国内就有广西师大出版社、天津社会科学院出版社、安徽文艺出版社、三联书店等先后出版。不过有些版本则加大图片力度，并且所加插图与正文关联不大，营销上的考虑可能更多一些。与那种“为了减轻读者的经济负担”而撤去附录图版的80年代相比，80、90年代可谓是两个时代，前者是一个清贫但充满理想的时代，后者是一个富有而精神匮乏的时代。在80年代，《美的历程》如同大旱之后的甘霖，给新时期的大学生以清新的学术滋润和心灵启迪，而在90年代以后，学术日益发达，无论从审美欣赏，还是从学术拓展，《美的历程》就远远不能满足这个时代了，但其学术草创与精神导向之功是不容忽视的，这也为世人所认可。

客观而言，《美的历程》在细节上的失误、失实、错误的确存在，这一点，李泽厚也是承认的。[②] 在我看来，由于追求大历史的宏观视野和大人文的艺术鉴赏，这在“细节真实”就很难有充分的保证了。这里不是探究《美的历程》的正误与否，而是说明，《美的历程》是一部个性突出的艺术鉴赏之作，只是这一鉴赏不是平面的，而是立体的艺术发展史。《美的历程》无意于进行艺术史、美学理论史的巨细无遗的分析，而是强调通过自己的学识、理论进行剪裁、加工、整合。就个性与理论而言，《美的历程》恐怕更多地属于李泽厚，属于一个纯真的精神化和理想化的时代。

---

①章培恒《读〈美的历程〉》，载《书林》1983年第1期。

②李泽厚：《回答陈传席的批评》，见《李泽厚近年答问录》，天津社会科学院出版社2006年版。

第七章　历史建构

>> 写作《华夏美学》时的李泽厚

1988 年，李泽厚写作于 80 年代中期的《华夏美学》出版了。此前，《华夏美学》约一半章节（第三、四、五章）的初稿已先行发表。[①]《华夏美学》集中论述了中国美学的四大主干——儒、道（庄）、（屈）骚、禅。但是，四者的地位并不是同等的，儒家美学是基础和主体，后三者是儒家美学的补充和衍生，但四者又是互动的。

---

①分别是"儒道互补""美在深情""形上追求"，先后发表于《中国文化与中国哲学》1986 年创刊号、《文学评论》1986 年第 4 期、《求索》1986 年第 4 期，后又收入《走我自己的路》（三联书店，1986 年 12 月版）。在 1988 年出版的时候，这些文字做了较大的增补。

一、从礼乐文化到儒家美学精神

儒家美学其源有自，这个源就是先秦“礼乐文化”，儒家美学是其“保存者、继承者和发展者”。[①] 而礼乐文化还有更为原始的东西，这就是原始巫术活动。巫术活动的两个维度是社会和自然，或者说是社会性与自然性（生理性、动物性）等。李泽厚引《中国美学史》第一卷中的“味觉美感”说，说明“自然的感性的形式开始渗入了社会（文化）的意义和内容”。[②] “美”被解释为“羊大为美”便是体现，而解释为“羊人为美”则是原始巫术活动（规范性）的体现。二者本质上是相通的，即自然的形式渗入了社会性的内容，即积淀。积淀是人的内在自然（身心）的人化，形成了人的“文化心理结构”。[③] 中国古人总是不离开美的感性因素（味），但感性不是无节制的，而是受制于社会规范（巫术活动、礼）。

礼、乐是“远古图腾歌舞、巫术礼仪的进一步完备和分化”。[④] 礼是外在

①李泽厚著：《华夏美学》，中外文化出版公司1989年版，第40页。
②李泽厚著：《华夏美学》，中外文化出版公司1989年版，第9页。
③李泽厚著：《华夏美学》，中外文化出版公司1989年版，第10页。
④李泽厚著：《华夏美学》，中外文化出版公司1989年版，第12页。

的规范，维护人伦等级秩序。由于礼源自巫，故而其神圣性的内涵依然浓厚。这种神圣性是通过各种繁杂的礼仪来实现的。与礼的外在性相比，乐更为内在。但不是所有的乐都可以与礼同等重要，"'乐'只有直接诉诸人的内在的'心''情'，才能与'礼'相辅相成。"[①]也就是说，乐已经"礼化"了，这就是"乐从和"。当然，乐还有相对独立的一面。"乐从和"的第一层含义与礼相近，并不特殊。第二层含义则是通过更为内在的"群体情感上的交流、协同和和谐"，取得规范性的效果。第三层含义是指"天地神鬼与人间世界的'和'"。乐不仅关涉社会关系（礼），还关涉自然关系（天）。"和"是多样统一的，单一的不可能和，杂多也不是和。和不是简单的对立，而是"相济"。"乐从和"诉诸人心的主要是情感。李泽厚在这里用"普遍性的情感的形式"来说明。[②] 普遍性的情感形式是指特定的音乐形式"呼唤起、表达出和作用于"特定的情感，二者具有某种普遍存在的对应关系。中国文化不是纵欲主义的，也不是享乐主义的，而是节制性的，强调不过分。这就是"乐从和"的基本含义。它接近于非酒神的日神文化，注重的是理性、规范、秩序。这在后世的中国文艺中随处可见，如程式化、格律、笔墨等等。这些都是"高度提炼了的、异常精粹的美的形式"。[③] 它不是简单的再现（社会）、表现（情感），而是"混同交融"。

"乐从和"的一个突出特征就是乐与政治的密切关系。中国的政治是一种伦理政治，美善不分。各类文艺总是与伦理道德政治等有着不同程度的联系。中国礼乐文化注重抒情的社会性、规范性、秩序性，其个人化的表达相当晚近。文艺被导向于善的社会政治伦理，往往有极端化的表现，但情感

---

①李泽厚著：《华夏美学》，中外文化出版公司 1989 年版，第 20 页。
②李泽厚著：《华夏美学》，中外文化出版公司 1989 年版，第 23 页。
③李泽厚著：《华夏美学》，中外文化出版公司 1989 年版，第 29 页。

则是自由的。中国文艺的发展就是情感日益溢出社会规范的过程。从“诗言志”到“诗缘情”,从“文笔之辨”到诗、词分途,那种与社会规范距离较远的艺术形式(词、山水画、笔墨意趣)在后期日益发展和发达起来。

孔子是先秦礼乐文化的系统整理者和阐释者,开启了所谓的“孔门仁学”。孔门仁学以孔子、孟子、荀子及董仲舒等为代表。仁学结构的第一义便是血缘关系,血缘关系中孝是核心,而孝的“可能性和必要性却在于心理情感”。[①] 这就是心理(情感)本体,是“孔子仁学以及整个儒家的人道主义和人性论的始源基地”。[②] 在孔子时代,礼崩乐坏,礼乐所起的作用日益衰微。此时,仁的出现将根本直接放在内心,相对而言就比“乐”更为内在了。这就是“人性的自觉”——“人而不仁如乐何?”“人性的自觉”由血缘之爱(孝)扩展至天下的“泛爱众”(亲仁)就成为中国文化的象征。可以说,礼乐文化“被孔子和儒家内在化为对人性自觉和人道情感的本体追求”,其中技艺和艺术起着特殊而重要的作用。

关于人性完善,孔子有两句名言,一是“志于道,据于德,依于仁,游于艺”,另一是“兴于诗,立于礼,成于乐。”两句中,最高或者最后完成是“游于艺”和“成于乐”。李泽厚将其视为“人格的完成”。[③] “艺”是“礼、乐、射、御、书、数”,是一套专门化的技艺。“游于艺”有对技艺的重视,尤其标志着“一个由于掌握了规律而获得自由从而具有实践力量的人格的完成”,[④]更是“通过对客观规律性的全面掌握和运用,现实地实现了人的自由,完成了‘志道’‘据德’‘依仁’的人的全面发展和人格历程”。[⑤] “成于艺”与此相类,“更多

---

①李泽厚著:《华夏美学》,中外文化出版公司 1989 年版,第 42 页。
②李泽厚著:《华夏美学》,中外文化出版公司 1989 年版,第 43 页。
③李泽厚著:《华夏美学》,中外文化出版公司 1989 年版,第 49 页。
④李泽厚著:《华夏美学》,中外文化出版公司 1989 年版,第 50 页。
⑤李泽厚著:《华夏美学》,中外文化出版公司 1989 年版,第 51 页。

地直接讲内在的心理的自由塑造”。① 如果说，“兴于诗”主要给人以“语言的智慧的启迪感发”，“立于礼”给人的是以“外在规范的培育训练”，那么，“成于乐”便是“内在心灵的完成”。如果说，前者是智力结构（理性的内化）、意志结构（理性的凝聚），后者则是审美结构（理性的积淀），即“自由的感性和感性的自由”——“从心所欲而不逾矩”。在孔子这里，礼乐文化最终走向了对个体人格的完成。乐不仅是情感之乐，更是人格之乐。这也是仁的最高层次。孔子还有严峻的一面，即面对人生问题的思考，即生死问题。孔子强调，“未知生焉知死”。知道生就是知道生是“生成的”（Becoming），即不是固定不变的，这里面就有一个自我完善、自我提升、自我超越的过程。这一过程即是时间性的过程，“时间在这里通过人的历史而具有积淀了的情感感受意义”。② 时间于是情感化了，即对时间是一种情感性的感受，而不是理智性的认识。“子在川上曰：逝者如斯夫，不舍昼夜”，这种深沉喟叹，“代表着孔门仁学开启了以审美替代宗教，把超越建立在此岸人际和感性世界中的华夏哲学——美学的大道”。③ 中国艺术历来就讲究时间性的美，是线条的流动、情景的流转、位置的变化，而非一览无余、固定不变。这可谓是“华夏文艺的精神”。

孔子之后，孟子、荀子进一步发展了儒家文化。孟子阐扬“浩然之气”，荀子强调“制天命而用之”。“浩然之气”是“道德主体的生命力量”。④ “浩然之气”充满着阳刚的美。“浩然之气”身兼“感性与超感性、生命与道德的双重性质”。⑤ 因此，浩然之气是天地之气、主体之气、生命之气、道德之气等

①李泽厚著：《华夏美学》，中外文化出版公司 1989 年版，第 52 页。
②李泽厚著：《华夏美学》，中外文化出版公司 1989 年版，第 59 页。
③李泽厚著：《华夏美学》，中外文化出版公司 1989 年版，第 60 页。
④李泽厚著：《华夏美学》，中外文化出版公司 1989 年版，第 61 页。
⑤李泽厚著：《华夏美学》，中外文化出版公司 1989 年版，第 67 页。

>> 孟子倡导浩然之气，李泽厚评价为“道德主体的生命力量”

的结合。孟子提出人性善，而荀子则提出人性恶，注重主体的外在修为对自身与自然拓展的重要性。李泽厚认为《易传》是对荀子的继承和发展，摒弃了荀子对外在化力量的极端强调，而回到“‘天人合一’的心理情感的轨道上”。[①]《易传》中有主体性的奋发，但注重的是“天人相参”“天人同构”，人依循自然之动而动。自然本身就是生生不息、大化流行、变动不居的。《易传》充分认识到运动变化的重要性，这一点在后代的艺术中多有体现。线的艺术即是动的艺术。李泽厚认为，《易传》的“天人同构的运动世界观”，“成为儒家美学的核心要素”，也是“儒家美学顶峰极致”。[②]《易传》的运动、变化、阴阳等观念系统化地体现在董仲舒的哲学中。董仲舒系统地阐发的“天人感应”后来成为整个中国社会的统治意识形态，并长久地影响着中国文艺。

---

①李泽厚著：《华夏美学》，中外文化出版公司1989年版，第71页。
②李泽厚著：《华夏美学》，中外文化出版公司1989年版，第75页。

二、衍生与互补:道、骚、禅

首先出现的与儒家美学构成重要对立互补关系的美学是道家美学,庄子是其代表。儒家强调文艺在社会领域(情感、道德等),而庄子则超越这一点。庄子强调的“坐忘”,是“超功利,超社会,超生死”的。[①] 庄子将视角转向了更为单纯的自然,与儒家的“自然人化”相反,庄子更强调的是“人的自然化”,即“人必须舍弃其社会性,使其自然性不受污染,并扩而与宇宙同构才能是真正的人”。[②] 庄子“逍遥游”是“无待于物”的,这个物便是社会的种种束缚。“无待于物”即是精神心灵的完全自由。这种精神自由与天合一,是悬隔物质和社会,使心灵直接达于天地。对物质和社会的悬隔就是“忘”。忘的是社会,是身体,而不是自然天地。在根本上,儒道都使用基本的范畴,如天等,但内涵不一样。庄子的道是天,完全是自然的天,是“不假人为”的。但是,庄子并不是独立的,他的这些思想在孔子那里已经有了,如“吾与点也”等,也是强调与自然天地的和谐一致,其间也没有社会性的内容。区别在于,儒家的天地之乐多是在“治国平天下”之后。不过,李泽厚也说明,多数情况下是天下难以平治。于是,儒家的天地境界就成为精神的寄托和追求。这一点被庄子强化和体系化了,从而具有一种相对独立的思想特性。之所以说是相对的,是因为离开了儒家实体(主体、社会),道家的存在是不可能的。道家的超脱社会、专注内心实际上更多地影响了儒家知识分子的精神世界,特别是文艺与审美。因此,李泽厚说:“庄子帮助了儒家美学建立

---

①李泽厚著:《华夏美学》,中外文化出版公司 1989 年版,第 83 页。
②李泽厚著:《华夏美学》,中外文化出版公司 1989 年版,第 83 页。

起对人生、自然和艺术的真正的审美态度。”[①]

首先是审美对象的扩展。在庄子那里，无限的美、“大美”、壮美是其最主要的审美对象。大美在孟子、《易传》那里也有。不过，庄子的大美是无限之美，并且还与主体人格相关，所以是对《易传》的“提升”和“补足”。[②] 庄子的“天地有大美而不言”，具有着无限性和认同性。庄子的审美态度不是看事物的本然，而是直指内心的精神境界，因为外表丑的东西很可能是美的东西。这样，庄子“极大地扩展了美的范围，把丑引进了美的领域”。[③] 庄子还强调自然，自然有两个意思，一是非人为性，二是自然实在。在这一点上，“庄子以心灵—自然欣赏的哲学，突破又补充了儒家的人际—伦常政教的哲学”。[④] 由于庄子对心灵、自然的强调，儒道互补的结果就在于，“将审美引向深入”。[⑤] 在这里，“自然的人化”和“人的自然化”相互交错。儒道互补有两种方式，一是“以儒注庄”，将庄子儒学化。另一条就是艺术的，有陶渊明的诗、山水花鸟画等，审美对象和人格境界进一步扩大和深化了，也就是对自然的重视。后者实际上是将对社会的极端否弃转向了精神和审美领域，成为儒家精神世界的缓冲、过渡。

庄子对儒家的另一补充是对无意识的说明，虽然重视的是神遇，实际上这些都是长期的合规律合目的实践积累的无意识，“庖丁解牛”并不是精神在解牛，而是解牛的长期积淀性所导致的。无意识不是无中生有的，它是对意识的“排除和沉积”，从而达到“人的自然化”的极致，即人与自然的高度结合。对自然的重视还表现在将人体的生命自然（血、骨等）视为“美学和文艺

---

①李泽厚著：《华夏美学》，中外文化出版公司 1989 年版，第 96 页。
②李泽厚著：《华夏美学》，中外文化出版公司 1989 年版，第 98 页。
③李泽厚著：《华夏美学》，中外文化出版公司 1989 年版，第 99 页。
④李泽厚著：《华夏美学》，中外文化出版公司 1989 年版，第 102 页。
⑤李泽厚著：《华夏美学》，中外文化出版公司 1989 年版，第 105 页。

尺度”。[1] 这也是儒道互补的表现。

骚的代表是屈原。李泽厚认为:“死亡构成了屈原作品和思想中最为‘惊采绝艳’的头号主题。”[2]而“把屈原的艺术提升到无比深邃程度的正是这个死亡——自杀的人性主题”。[3] 这一点是儒家和道家所没有的。儒家重在社会,道家则心倾自然,而屈原无法在社会、自然中安顿,只有选择死亡。这种死亡是艺术化的,是对死亡的一再酝酿、思索、抒发(哀叹、想象等)。因此,屈原影响后世的不是自杀的行为,而是对自杀的思索、体验。因此,“屈原通过死,把礼乐传统和孔门仁学对生死、对人生、对生活的哲理态度,提到了一个空前深刻的情感新高度。”[4]屈原通过死的决绝性呈现了生命的深刻意义,他正是通过对死亡之逼近的严肃思考和痛苦的承受而超越了死亡本身,从而达到内心的平衡。司马迁、嵇康、阮籍、柳宗元也是如此。与道家的继承者陶潜、李白不同,他们内心深沉的痛苦不是一种平淡冲和,而是一种悲剧性的“向死而生”。这一主题在汉挽歌、《古诗十九首》、魏晋风度里均有深刻的表现。

魏晋是悲怆的,对魏晋士人而言,儒家的伦理道德与社会责任已无法满足,道家的完全放弃社会,追求精神的超越,他们也无法达到。于是,他们自然就选择了屈原,对死亡的深沉哀叹。不同的是,魏晋悲怆“超出了一般的情绪发泄的简单内容,而以对人生苍凉的感喟,来表达出某种本体的探询”。[5] 这种本体的探询和魏晋玄学密切相关。魏晋玄学中,有、无的讨论很多,不过无才是本体——无形、无名、无味、无声、无臭。对这一本体的探询

---

①李泽厚著:《华夏美学》,中外文化出版公司 1989 年版,第 121 页。
②李泽厚著:《华夏美学》,中外文化出版公司 1989 年版,第 127 页。
③李泽厚著:《华夏美学》,中外文化出版公司 1989 年版,第 128 页。
④李泽厚著:《华夏美学》,中外文化出版公司 1989 年版,第 133 页。
⑤李泽厚著:《华夏美学》,中外文化出版公司 1989 年版,第 141 页。

是通过个体情感来实现的。在魏晋的玄思与情感中,生命本体都是重要的内容。魏晋时代的思想是儒、道、骚的融合,但仍以儒家为根本,尽管悲苦无限,但“仍然对人生、对世界是那样地含蓄温柔、深情脉脉、情理和谐”。①

与道家的人格境界落实在无意识规律中一样,魏晋人格则落实在“想象的真实”中。“想象的真实”注重的是“艺术意境的创造”。② 儒家的创作手法是自然物的比兴,比兴源自巫术礼仪,后来发展到比德,将自然物道德化和伦理化。从比兴、比德到更为自由化、情感化的意境,过渡是屈原。在屈原那里,自然物(香草等)已经具有了人格和情操的象征意义。在这三阶段中,想象殊为重要,如果说比兴是神秘性的朦胧想象,比德是概念性的想象的话,那么最后的阶段就是个性情感性的想象。这是在魏晋时完成的。于是,美便是情与景的交融,而不凭借任何中间者(如神、德等)。由于强调情感的投射,在文艺领域就特别重视“想象的真实”,而不是“感觉的真实”。③想象的真实不注重对具体事物的详细描写,而是“点到即止”,以有限之景表现无限之情,由于景物的不具体,从而使意义获得充分的想象空间。这种“想象的真实”是儒家“比德”观念的扩展和推进了。

禅宗对儒家(也包括道家)的意义在于强化了形上的追求。禅宗是中国化的佛教。与外来佛教不同,禅宗注重在日常生活中“悟道”,注重个体自我的心灵拯救与提升。禅宗的形上追求是对时间性的关注,即“瞬间即永恒”。对这一永恒的追求不需要长年累月的参悟、演习(北宗便是如此),而只需要“妙悟”。禅宗的思维是顿悟的思维,强调当下即得,注重悬隔、中断(如棒喝),直觉性与灵感性被强化和突出了。在这一点上,禅宗与儒、道、骚均不

①李泽厚著:《华夏美学》,中外文化出版公司 1989 年版,第 147 页。
②李泽厚著:《华夏美学》,中外文化出版公司 1989 年版,第 147 页。
③李泽厚著:《华夏美学》,中外文化出版公司 1989 年版,第 162 页。

同。禅宗不是儒家的积极入世,不是道家的洒脱豁达,不是屈骚的浓情忧愤,而是妙悟自得、淡远宁静。与儒(社会)、道(自然)、骚(情感)不同,禅更关注于本心、本性。不过禅宗并不是与儒、道、骚截然相分的,而是相互融合的,如王维、苏轼等。禅所悟的不是具体之物,这是认知领域,也不是道德,而是形而上的"刹那永恒"的本体世界。正是这一特殊的意义,使"儒、道、屈的人际—生命—情感更加哲理化了"①。

在艺术领域,禅宗强调的就是心境(境界、韵味),其特点就是"淡"。淡的意义极为重大,"淡,或冲淡、或淡远,是后期中国诗画等各文艺领域所经常追求的最高艺术境界和审美理想。"②淡本有味觉的因素,淡即无味,而无味正是有味,是"无味之至味"。味又与韵结合成为韵味。禅宗的韵味是平淡的、平常的,是繁华落尽的真纯,是大彻大悟后的淡然。

禅宗的出家是儒家所不能接受的,因此,禅宗向儒家现实性的复归就不可避免。相比而言,日本的禅则是更为彻底的形态。禅宗与儒家的进一步融合是理学。理学对传统美学的发展不在对文艺的评论上,而是在对"形上本体"的建造上。这个本体就是超越于道德之上的"天地境界",也就是理学家所谓的"孔颜乐处"的人格精神境界。这种"以审美代替宗教"是"吸取了庄、屈、禅之后的儒家哲学和华夏美学的最高峰了"③。"在宋明哲学,道德理性与生命感性的'天人合一',建构了'属道德又超越道德''准审美又超审美'的本体境界。"④宋元山水画的成熟与其有着某种必然的联系。禅宗正是以这个意味、意境、心境丰富了中国美学。

---

①李泽厚著:《华夏美学》,中外文化出版公司 1989 年版,第 180 页。
②李泽厚著:《华夏美学》,中外文化出版公司 1989 年版,第 183 页。
③李泽厚著:《华夏美学》,中外文化出版公司 1989 年版,第 196 页。
④李泽厚著:《华夏美学》,中外文化出版公司 1989 年版,第 198 页。

在《华夏美学》里，李泽厚特辟一章，讨论走向近代的华夏美学。宽泛意义上的近代指的是明中叶以来的中国历史进程。明中叶以来的文艺、哲学思潮注重个性感性，但总体上没有超越于儒家文化体系之外。这个个性感性是礼乐、人道（儒）、人格（道）、感情（骚）、妙悟（禅）所无法含纳并加以扩展的。在这一时期，个体感性欲望逐渐成为时代的主题。此时的哲学、审美趣味、技巧形式等起着重要的促进作用。在哲学上，感性“被承认、肯定和强调”。① 在审美趣味上，个性、自我成为作家创作和表现的核心，注重的是“师心”（袁宏道）、“自我立法”（石涛）、“性灵”（袁枚）。这些不是道德意义上，而是个体感性上的，是对本能欲求的颂歌。这必然要偏离传统的中和、节制、规范、和谐，使传统美学“自崩毁”。② 这里的“自崩毁”是说，主体仍然是儒家，反抗仍然是不自觉的和不彻底的。在技巧形式上，则对文艺—审美自身规律法则空前重视和刻意追求，艺术家们将文艺从载道的轨道中拉出，强调文艺技巧、规律的独立意义。③ 这也呈现出“职业化、专业化”的倾向，从身份上说，也是从通儒文人到职业艺术家（如“四王”）的转变。不过这一总的个性感性倾向遭遇到假古典主义（从正统诗文到乾嘉考据、程朱理学）的冲击而淹没了。④

真正近代意义上的个性解放要到 20 世纪初。此时，中国封建社会日益衰落解体，中西文化开始大碰撞大融合，西方美学理论也涌入中国。其中王国维、蔡元培的理论与“美是生活”的理论是最为特殊的“两大事例”。⑤ 王国维的意义在于提出了“境界说”，这个境界是人生的境界。王国维吸收叔

①李泽厚著：《华夏美学》，中外文化出版公司 1989 年版，第 203 页。
②李泽厚著：《华夏美学》，中外文化出版公司 1989 年版，第 208 页。
③李泽厚著：《华夏美学》，中外文化出版公司 1989 年版，第 214 页。
④李泽厚著：《华夏美学》，中外文化出版公司 1989 年版，第 215 页。
⑤李泽厚著：《华夏美学》，中外文化出版公司 1989 年版，第 215 页。

本华的悲观主义理论，通过对生命欲望的否定抵达人生意义本身。但王国维无法克服这个矛盾，最终走向自杀。这一自杀不是屈骚的延续，因为没有可以持有的意义，李泽厚认为，王国维的自杀是“近代西方悲观主义和传统儒家挫折感的结合产物”。[①] 如果说王国维是从悲观主义的角度提出了精神解救的问题的话，那么蔡元培则是从积极意义上提出的，即“以美育代宗教”。王国维也强调文艺—审美，但在他那里文艺是消极形式，即克制欲望。而在蔡元培那里，审美却具有着宗教的意义，能够使人抵达意义本身。王国维、蔡元培都深受儒学影响，在他们的思想中，儒学传统中的有益因素得到了保留，如非酒神论的礼乐文化（实践理性）、儒学无神论（非宗教）。“这似乎再一次证实着中国古典传统的顽强生命，以及它在近代第一次通过美学领域表现出来的容纳、吸取和同化近代西学的创造力量。”[②]但进入到20世纪20年代以后，救亡压倒个性，现实社会生活又成为重心，关注国家民族、现实社会生活成为主题。“美是生活”的理论随之在中国风行。“美是生活”不是单纯的反映论，而是结合着个性的艺术与革命的艺术，同时“又吻合重生命重人生的华夏美学传统”。[③] 近代中国美学的发展不是西化，而是“不断地勇于接受、吸收、改造、同化外来思想，变成自己的血肉”。[④]

在全书的最后，李泽厚试图从更为具体的文艺载体来讨论中国美学的近代化。“汉语、方块汉字、毛笔和木材，是中国诗文和艺术的主要的感性物质工具，它们在制约乃至决定中国文艺的美学特征以及体现前述种种传统精神上，起了某种关键作用。”[⑤]汉字并非完全抽象（如拼音），也非完全形象

①李泽厚著：《华夏美学》，中外文化出版公司1989年版，第218—219页。
②李泽厚著：《华夏美学》，中外文化出版公司1989年版，第221页。
③李泽厚著：《华夏美学》，中外文化出版公司1989年版，第222页。
④李泽厚著：《华夏美学》，中外文化出版公司1989年版，第222页。
⑤李泽厚著：《华夏美学》，中外文化出版公司1989年版，第222页。

(如图画),而是形音义的结合。故而,汉字既具有形象性,又具有多义性,这使它富有情感色彩。毛笔是书法艺术的工具,毛笔柔软,粗细自由,这种线的形式给书法绘画等艺术以巨大的空间。木材是中国建筑的基本材料,木材是暖色调,又不能无限高(如石制建筑),故而重生活的秩序(宫殿、四合院等)。汉语言文字、毛笔、木结构体现了儒家的“重精神轻物质、情理交溶、想象大于感觉等传统美学特征”。[①] 当然,这些仅仅是载体,而不是决定性的。决定性的毋宁是古代社会中的儒家士大夫知识分子。

李泽厚最后的结论是,从礼乐文化开始,以儒家为主,儒、道、骚、禅相辅的华夏哲学、美学、文艺以及伦理政治,都建立在“心理主义”的基础上。“心理主义”的核心不是理智认识,不是道德伦理,不是上帝神灵,而是情感本体,是“情理相融的人性心理”。[②]

在全书的最后,李泽厚用了一个表格来表示儒、道、骚、禅美学的关系。在儒家那里,美在“礼乐和人道”,在庄子那里,“美在自然”,在屈原那里,“美在深情”,在禅宗那里,“美在境界”,而在明清近代,“美在生活”。不过,在明清近代那里,不再是纯粹的儒、道、骚、禅了。

三、《中国古代思想史论》中的儒、道、禅美学

《华夏美学》的思想来源于《中国古代思想史论》。当然,《中国古代思想史论》并不是专门讲美学的。不过,思想史是一个宽泛的概念,它同哲学密切相关,而美学又是哲学的重要内容,因此,李泽厚在该书中讨论美学问

①李泽厚著:《华夏美学》,中外文化出版公司 1989 年版,第 226 页。
②李泽厚著:《华夏美学》,中外文化出版公司 1989 年版,第 227 页。

题便不奇怪了。这里不对《中国古代思想史论》做全面的美学梳理，而是以《华夏美学》为纲，从儒、道、骚、禅四个方面入手。

首先看儒家，李泽厚对儒家的认识在《中国古代思想史论》中已成熟，如孔子仁学结构、对荀子的重视、《易传》对荀子的继承发展、董仲舒的系统化努力等。这些涉及美学的内容在《华夏美学》一书中有详细论述，此不赘述。

其二是道家。庄子是道家代表的观点在《中国古代思想史论》中已成型，老庄的"基本特征并不相同"。道家的创始人是老子，李泽厚没有从美学角度考察，而是在兵家（兵法）系统中从辩证法的角度考察老子思想。《老子》的突破在于提出了"无为"。[①] 无为是上德，具有政治性（政治智慧）、社会性（小国寡民）与形而上性的内涵。庄子就继承了社会性的思想，但做了自己的发挥。形而上层便是对道的思考："反者道之动"。老子的辩证法与其说来自自然，而毋宁说是深入生活的。生活的智慧注重的是多样、变化、灵活、不确定性和多义性。这一点在庄子那里也有深刻的体现。对庄子的讨论在《庄玄禅宗漫述》部分。

庄子对文明是持批判态度的，这也促使他转向自然，但庄子批判文明的重要意义在于"第一次突出了个体存在"，他关心的不是伦理、政治，而是个体身（生命）心（精神）问题。[②] 庄子的个体存在焦虑不可能通过回归原始社会或者回到动物性而解决，于是便落实到自然人格上。在这里，天地自然具有人格的内涵。因此，庄子之道不是自然本体之道，而是人的本体之道，即人的本体存在与宇宙自然存在具有同一性。[③] 在庄子那里，人之所以美，乃是因为自然。庄子"要求对整体人生采取审美观照态度：不计利害、是非、功

---

①李泽厚著：《中国古代思想史论》，人民出版社 1985 年版，第 88 页。

②李泽厚著：《中国古代思想史论》，人民出版社 1985 年版，第 181 页。

③李泽厚著：《中国古代思想史论》，人民出版社 1985 年版，第 185 页。

过，忘乎物我、主客、人己，从而让自我与整个宇宙合为一体”。[1] 所以，只有“从美学上才能真正把握住庄子哲学的整体实质”。[2] 李泽厚在标题中就明确说“庄子的哲学是美学”。[3] 这一点在李泽厚与刘纲纪主编的《中国美学史》中有更为详细的论述：庄子哲学的核心是“反对人的异化”，[4]而要消除异化（束缚、不自由）就是美的实现。消除异化是“对于生活采取一种超越利害得失之上的情感和态度”。[5] 有了这种情感和态度，人就可以达到“物我为一”的自由境界。

道家的发展是魏晋玄学。由于大动乱的特殊历史境遇，“人（我）的自觉”是“魏晋思想的独特精神，而对人格作本体建构，正是魏晋玄学的主要成就”。在这个意义上，李泽厚认为，“玄学便是庄学”。[6] 魏晋贵无（无为、无欲、无求），这个无主要是人格的，是对人的问题的探索。因此，魏晋玄学更多的是庄，追求的是“一种富有情感而独立自足、绝对自由和无限超越的人格本体”。[7] 在这一点上，郭象以儒注庄实是对庄的曲解，不过在《华夏美学》中，则被认为是儒道互补的一条道路。[8]

其三是屈骚，但在《中国古代思想史论》中李泽厚并没有专门讨论，可能在于屈原并非纯粹思想家之故。

其四是禅宗。禅宗的观点也早已体现在《中国古代思想史论》中，禅宗讲的是“顿”悟，其所触及的是“时间的短暂瞬刻与世界、宇宙、人生的永恒之

---

①李泽厚著：《中国古代思想史论》，人民出版社 1985 年版，第 189 页。
②李泽厚著：《中国古代思想史论》，人民出版社 1985 年版，第 189 页。
③李泽厚著：《中国古代思想史论》，人民出版社 1985 年版，第 178 页。
④李泽厚、刘纲纪主编：《中国美学史》，中国社会科学出版社 1984 年版，第 228 页。
⑤李泽厚、刘纲纪主编：《中国美学史》，中国社会科学出版社 1984 年版，第 241 页。
⑥李泽厚著：《中国古代思想史论》，人民出版社 1985 年版，第 193 页。
⑦李泽厚著：《中国古代思想史论》，人民出版社 1985 年版，第 196 页。
⑧李泽厚著：《华夏美学》，中外文化出版公司 1989 年版，第 110 页。

间的关系问题”。[1] 禅宗的最高境界就是“万古长空，一朝风月”，在瞬间中得到永恒。在这种瞬间永恒中，有着一种“精神的愉悦”，即一种“淡远的心境”。禅宗在瞬刻永恒中追求“淡远心境”，这种追求就是审美的。[2] 这种心境的获得多借助自然，通过人与自然的合一，感受到某种合目的性和无目的性的美。禅宗重直觉和心灵体验，与庄子的思辨议论、人格不同。但总体上，禅与儒、道的相通是主要的，即它们均是审美的而非宗教的。李泽厚在《中国美学与其他》一文中说，“中国哲学所追求的人生最高境界，是审美的而非宗教的。”[3]

庄子、玄学、禅宗的特征主要是一种人格—心灵哲学，其消极性是明显的，但从艺术领域而言，庄、玄、禅更具有积极的意义，它们“对人生采取超脱的审美态度”，摆脱异化，可以“培育和丰富人的精神世界和心灵境界”。[4] 庄、禅的直觉直观思维更具有审美的特征，并且对认识有着启发作用，即“以美启真”。这些也是与儒家注重心理整体（情感原则等）一脉相通的。[5]

四、意义与影响

《华夏美学》不是独立意义上的著作。它同《美的历程》《中国古代思想史论》《中国美学史》等具有思想的联系，后三者在《华夏美学》出版之前已经出版了。《华夏美学》虽然是李泽厚 80 年代末出版的美学专著，但其思想却弥漫于 80 年代的各类著述中。李泽厚明言，《华夏美学》正是其《中国古

①李泽厚著：《中国古代思想史论》，人民出版社 1985 年版，第 207 页。
②李泽厚著：《中国古代思想史论》，人民出版社 1985 年版，第 210 页。
③李泽厚著：《李泽厚哲学美学文选》，湖南人民出版社 1985 年版，第 454 页。
④李泽厚著：《中国古代思想史论》，人民出版社 1985 年版，第 217 页。
⑤李泽厚著：《中国古代思想史论》，人民出版社 1985 年版，第 219 页。

>>1985 年夏，李泽厚(左二)与刘纲纪(左三)、洪毅然(右一)等在敦煌，时“敦煌全国美学座谈会讲习班”举办，李泽厚与敦煌有不解之缘

代思想史论》思想观点在美学上的表现。因此，《华夏美学》可谓是以儒家文化为主体的“中国古代美学思想史论”。这从《华夏美学》大段引用《中国古代思想史论》就可以看出来。

同样被大量引用的还有《美的历程》和《中国美学史》。《华夏美学》又与《美的历程》构成互补关系。《美的历程》是“中国美学史外编”，即审美意识史，而《华夏美学》则是审美观念史，是更为哲学化的美学史，即李泽厚所称的“中国美学史内编”。

《华夏美学》与《中国美学史》具有重要的联系，比如“味觉美感”、孟子的美与善、信的区分等就被大段引入《华夏美学》，但《华夏美学》所着重讨论的屈骚死亡主题在《中国美学史》中却无突出论述。总体上说，《华夏美学》

与《中国古代思想史论》《美的历程》风格相近，具有承接性的关系，而与《中国美学史》的关系复杂。首先，《中国美学史》不是李泽厚的专著；其二，它是断代史；其三，它是理论化的美学史撰述。李泽厚的风格是大历史的宏观视野和粗线条的勾勒，这在《美的历程》《华夏美学》《中国古代思想史论》中有深刻的体现，但《中国美学史》是论述详细的理论化的美学史。《华夏美学》讲的是哲学的美学，虽然哲学也是理论化的，但更是感悟化的，而《中国美学史》却是更加全面、系统、完备，在此意义上，《中国美学史》显然并不属于李泽厚的思想风格。也由于多种原因，《中国美学史》止于魏晋。所以，从理论视野和思想宽度上说，《华夏美学》与《美的历程》《中国古代思想史论》更具有精神的一致性。《中国美学史》一书的哪些观点属于李泽厚已经不重要了，在我看来，李泽厚始终体现着一种宏大、前沿的思想风格和历史感。这一点或许更为重要。

《华夏美学》的重要理论框架就是“儒道互补”说。这一点在《美的历程》中已经提出，但在《华夏美学》里得到了细致的阐发。儒道互补的进一步衍生就是儒、道、骚、禅的互补。儒、道、骚、禅的四分理论，是在 1980 年提出的。庄、禅与儒家的互补是《中国古代思想史论》中的重要观点，并最终体现在《华夏美学》。骚与儒的互补则主要体现在《华夏美学》之中。

《华夏美学》深入阐释的还有另一主题，即“人的自然化”。这一观念是在 1986 年《略论书法》一文中首先提出来的。在该文中，李泽厚认为，“人的自然化”不是回到动物，而是“超出自身生物族类的局限，主动地与整个自然的功能、结构、规律相呼应相建构”①。这一观点也成为《华夏美学》重要的一

①李泽厚著：《走我自己的路》，三联书店 1986 年版，第 106 页。

段引文。[①] 在《华夏美学》中,“人的自然化”则借助庄子哲学而系统化,“舍其社会性,使其自然性不受污染而与宇宙同构”,[②]“追求与自然的谐和,追求从属于自然、服从于自然而与自然相一致”。[③] “人的自然化”,不仅指人的精神、情感,也指人类的艺术、审美,更是“与自然同化、参其奥秘以建构身心本体的巨大哲学问题”。[④]

最后,来看一下《华夏美学》的影响。虽然同是美学史著述,但《华夏美学》的声名远远不如《美的历程》。这是有原因的,从一般的阅读兴趣而言,《华夏美学》是理论化的,而不像《美的历程》那样属于文艺的审美鉴赏,是对艺术、审美的描述,《华夏美学》属于“思想史论”的路子。因而,从接受的广度上说,就不如《美的历程》。

《华夏美学》的话语组织方式没有《美的历程》那种高度的简洁明快。首先是标题,“华夏美学”的题目并不新颖独特,也缺乏限定性,似也缺乏学术性,“华夏”一词在书中未作解释,从内容上说或许称为“中国古代美学”更为妥当。其次是章节组织安排也缺乏《美的历程》那种高度的凝练美,《华夏美学》的六章标题虽依然四字,但没有了艺术的灵动(如《美的历程》中的“龙飞凤舞”“魏晋风度”“盛唐之音”等),小节标题更显繁冗拖沓,试图将儒家美学加以理论化的阐释,这必然有损于接受的美感,读者往往兴趣缺乏。但是,从学术上说,我认为李泽厚的概括是精到的,既提炼了古代的范畴、命题,又加以现代的解说。从学术立场而言,《华夏美学》更体现了“以今之理论释古之命题”的理论风格。

---

①李泽厚著:《华夏美学》,中外文化出版公司 1989 年版,第 118—120 页。
②李泽厚著:《华夏美学》,中外文化出版公司 1989 年版,第 83 页。
③李泽厚著:《华夏美学》,中外文化出版公司 1989 年版,第 102 页。
④李泽厚著:《华夏美学》,中外文化出版公司 1989 年版,第 122 页。

从论题上说,《华夏美学》近似于《中国美学史》,但其出版过晚,又不成系统。同时,《华夏美学》的内容又与《美的历程》有重叠之处,如礼乐文明、儒道互补、屈骚传统、魏晋风度、明清文艺等,都先期在《美的历程》中出现,其基本观点在《华夏美学》里并没有大的转变。《华夏美学》也不同于《美学四讲》这种纯粹理论的著述,在论题上它们的距离更远。《华夏美学》并不是完全独立意义上的著作,它似乎更是李泽厚对中国古代思想和中国古代审美解读的补充、注释和进一步的说明,李泽厚的后期美学研究也主要是从这里生发开去的。

>>2010 年《华夏美学》英文版出版,至此"美学三书"英译本全部出版

历史留给《华夏美学》的接受时间很有限,20 世纪 90 年代之后风云变幻,"美学热"不再,李泽厚也逐渐淡出中国学术界。还有,《华夏美学》的出版社并非名牌出版社,且再版较少,在一定程度上限制了其传播。由于以上种种原因,《华夏美学》在"美学三书"中是被引频率最低的一部书。① 在总计被引上,《华夏美学》依然最低,但

①根据中国引文数据库,截止 2009 年 7 月,《美的历程》(文物出版社,1981)、《华夏美学》(中外文化出版公司,1989)、《美学四讲》(三联书店版,1989)其初版被引率分别为 655 次、41 次、137 次。

已经接近《美学四讲》了。[1] 这可以说有再版的客观原因，另一原因则或许在于其本身的学术意义。因此2010年《华夏美学》英译本的出版也就不足为奇了[2]。

简言之，《华夏美学》中的儒、道、骚、禅以儒为主而相互补充，以心理情感为本体，对人的自然化等等理论命题的阐发，是其最重要的理论贡献。因此，至今似仍可以说，《华夏美学》是李泽厚美学思想的重要代表作。

---

①《美的历程》《华夏美学》《美学四讲》各种版本共计被引频率分别为2117次、374次、405次。

②Li Zehou, *The Chinese aesthetic tradition*, translated by Maija Bell Samei, Honolulu: University of Hawaii Press, 2010.

第八章　思想体系

在 1956 年发表的《论美感、美和艺术》一文结尾的“作者后记”中，李泽厚说，文中所谈的问题“希望以后在‘美学引论’中再详细论证”。[①] 此文在收入《美学论集》后，李泽厚在文末“补记”中再次说明：“此书写成了大部分初稿，后因参加王朝闻同志主编的《美学概论》的编写工作，乃暂时停写。其中有些部分曾以文章形式改写发表，如收集在本书中的谈艺术种类、典型、形象思维、创作方法、虚实显隐之间等篇。”[②]不过，这些并没有落实在《美学四讲》中，而是落实在了《美学概论》中。实际上，在《美学概论》的编写中，李泽厚也是做工作较多的一位。

在我看来，李泽厚的《美学引论》可能有两种规划，一本书是类似《美学概论》，对美学问题做全方位细致的梳理，但是，这一本书依照李泽厚的学术个性是无法完成的，迄今为止李泽厚出版的书或论文集，或宏观研究，或

---

①文艺报编辑部、新建设编辑部编：《美学问题讨论集》第二集，作家出版社 1957 年版，第 265 页。

②李泽厚著：《美学论集》，上海文艺出版社 1980 年版，第 51 页。

>>1961 年，李泽厚（后排左一）参加《美学概论》编写组

访谈对话录，很少是以体系详备为特色的。另一规划便是《美学四讲》。《美学四讲》是李泽厚思想的进一步发挥和引申。但即便是《美学四讲》也非主动之作，一“应读者要求‘系统’，二践出版《美学引论》之早年承诺也”。一本书从提出到写成，竟然经过了 33 年（1956—1989），看来，体系的系统化和

定型化绝非易事。

体系一说源于《美学论集》出版的学术反映。“我的《美学论集》八〇年一出来,刘再复第一个说……‘你是有体系的’。我当时听到时印象很深,因为还没有人这么说过,只我自己心里知道。”①

《美学四讲》的基本内容均写于20世纪80年代中期以前:1980年的《美学的对象与范围》、1984年的《美感谈》《谈美》(以上收入《李泽厚哲学美学文选》)和1986年的《艺术杂谈》。《美学四讲》正是四篇文稿的整理稿。四文中的基本思想多萌生于20世纪五六十年代,只是在《美学四讲》里得以更为集中深入地讨论。②《美学四讲》是李泽厚美学理论的体系化形式和代表作。

一、美学的对象与任务

1956年,李泽厚在《论美感、美和艺术》中认为:“美学基本上应该包括研究客观现实的美、人类的审美感和艺术美的一般规律。其中艺术更应该是研究的主要对象和目的。”在该文补注(1979)中,李泽厚认为,美学包括三方面内容:“美的哲学、审美心理学和艺术社会学,前者是对美和审美现象做哲学的本质探讨,后二者是以艺术为主要对象作心理的或社会历史的分析考察。三者有时混杂纠缠在一起,有时又有侧重或片面发展。”③两种看法的区别在于,后者更为具体化和多样化了。在《美学的对象与范围》一文中,这一观点与补注观点一致。这也自然体现在《美学四讲》中。而学界对美学很

①李泽厚、陈明著:《浮生论学》,华夏出版社2002年版,第71页。

②李泽厚为《大百科全书》撰写的“美学”条目也应归于此类。

③李泽厚著:《美学论集》,上海文艺出版社1980年版,第1页。

早就有一种观点，认为“不存在什么美学”，最近的意见是逻辑实证主义提出的。在当代，美学呈现三种形态，一是欧美流行并占主流的分析哲学的美学，二是艺术本体论的美学，三是马克思主义美学。

李泽厚对美学学科是持一种多元化态度，即“美学不应也不会定于一尊，从而，可以也应该有从各种不同的角度、层次、途径、方法出发和行进的美学，有各种不同的美学”。这里的多元化指的是“类型和形态的不同”。[①]这就是《美学四讲》所附的两个图表。第一个图表是分支结构，第二个图表是层次结构。分支结构的图表也出现在1979年的补注中。区别是，《美学四讲》分为哲学美学、历史美学和科学美学，补注分为基础美学、实用美学和历史美学。相比补注，哲学美学的重要性在《美学四讲》中得到了强化，同时也突出了科学美学。在《美学四讲》的层级图表中，哲学美学之下是理论美学即科学美学，科学美学之下是各实用美学。哲学美学的地位是最高的。

《美学四讲》直接引《美学的对象与范围》一文确定了美学的对象与范围是“以美感经验为中心研究美和艺术的学科”。[②] 当然，李泽厚一再说明多元化的重要性，这一定义也只是具有“一定的适用性”。这里要说明的是，李泽厚在1962年的《美学三题议》中将美学的研究对象概括为“审美关系”，所谓审美关系就是主观反映客观、美学认识论。但是，李泽厚在《美学的对象与范围》《美学四讲》中均认为，“审美关系是一个极为模糊含混的概念”。从审美关系（反映论）到美感经验（心理学），这是李泽厚美学思想的一个重要转变。

作为美学的最高层级的哲学美学，不是“专门化的美学”，而是关乎大众

①李泽厚著：《美学四讲》，三联书店1999年版，第10页。
②李泽厚著：《李泽厚哲学美学文选》，湖南人民出版社1985年版，第222页。

的，“主要是去探求人生的真理或人生的诗意”。[1] 尽管对从哲学角度研究美有很多批评和反对意见，但李泽厚仍然强调美的哲学对人生的特殊重要性：“美的哲学所要处理、探寻的问题，深刻地涉及了人类生存的基本价值、结构等一系列根本问题，涉及了随时代而发展变化的人类学的本体论。”[2]这比李泽厚早期坚持的美的“客观社会性”更丰富了，也更具有人文之思的性质。当然，这在某种程度上也是对原初观念的偏离，即从原来的唯心唯物之争、认识论、反映论转向了人生论、价值论和本体论。这既是实践美学的深化，也是某种变异。

李泽厚还对马克思主义美学作了分析，认为“从形态上说，马克思主义美学主要是一种艺术理论，特别是艺术社会学的理论”。[3] 作为艺术社会学的理论，马克思主义美学的基石是反映论和认识论，强调艺术对社会的反映和认识。但是，随着社会的发展，时代主题发生了变化，这种批判性、革命性和实践性的美学渐渐不能解决当前的问题。所谓的当前指的是第二次世界大战以后的“后帝国主义的后期资本主义时期”。在艺术—美学领域，“以多元化的不拘一格、艺术与日常生活的空前广泛地渗透、花样翻新的加速度和商业文化与反商业文化的对抗和对流等为特征”。[4] 中国开始跨入世界之林并展开中西对话。此时马克思主义的美学就不能仅仅是革命，而应更注重建设。关于文明建设方面，马克思有着丰富的理论。建设精神文明涉及“文化—心理结构问题，即心灵塑造和人性培育问题”，李泽厚认为，“这恰恰正是今日马克思主义美学所应该加倍重视、研究和解释的主要课题。”[5]这就需

---

①李泽厚著：《美学四讲》，三联书店 1999 年版，第 13 页。
②李泽厚著：《美学四讲》，三联书店 1999 年版，第 16 页。
③李泽厚著：《美学四讲》，三联书店 1999 年版，第 19 页。
④李泽厚著：《美学四讲》，三联书店 1999 年版，第 26 页。
⑤李泽厚著：《美学四讲》，三联书店 1999 年版，第 28 页。

要“从人类学本体论的哲学角度,来对待和研究美和艺术”。①

人类学本体论的美学就是从“塑造人的心灵”角度着眼。塑造心灵就是陶冶性情、培育人性。这一观点是有马克思主义的理论根据的,这就是马克思1844年《手稿》中的“自然的人化”,但这一思想没有得到充分的发挥。自然人化分为外在自然人化和内在自然人化,前者即物质文明(工具本体),后者即精神文明(心理本体)。人类学本体论的美学就是要“寻找、发现由历史所形成的人类文化—心理结构,如何从工具本体到心理本体,自觉地塑造能与异常发达了的外在物质文化相对应的人类内在的心理—精神文明,将教育学、美学推向前沿”。②《美学四讲》就是人类学本体论的美学,并以此分为美(美的本质的直观把握)、美感(新感性)和艺术(人性情感本体)。

二、真与善的交融

在对美的论述中,李泽厚认为在日常生活中,美有三义,一是“感官愉快的强形式”,二是“伦理判断的弱形式”,三是“专指审美对象”。③ 在李泽厚看来,能使人得到审美愉快的欣赏对象就是美。但在美学中,美不仅仅包括审美对象,还包括审美性质和美的本质、美的根源。由于侧重点不同,将美视为审美对象就形成了主观论,而将美视为审美性质则形成了客观论。客观论又分为机械唯物论和客观唯心论。审美对象之所以美,既有主观方面的原因,又有客观方面的原因。主观方面的原因就是美感问题,而客观方面的原因则有更深的根源,这就是美的本质问题。美的主观论、客观论是在这

①李泽厚著:《美学四讲》,三联书店1999年版,第29页。
②李泽厚著:《美学四讲》,三联书店1999年版,第37页。
③李泽厚著:《美学四讲》,三联书店1999年版,第44页。

一层次上展开的。在这一观点上,与五六十年代相比,并没有太大的变化,李泽厚认为"美是人类实践的产物,它是自然的人化,因此是客观的、社会的"。[1]

自然人化也就是主体性实践哲学。正是由于人类主体性的实践,一定的对象和性质才是审美对象和审美性质。实践是生产实践,作用于自然(改造自然,使自然与人类的关系发生变化)。

早在1962年的《美学三题议》中,李泽厚提出美是"自由的形式"。"自由是由于对自然的支配"。[2] 而形式"首先是种主动造形的力量",是主体性的,也是首要的。造形也就是"改造对象的普遍力量"。[3] 因此,自由的形式,也就首先指的是"掌握或符合客观规律的物质现实性的活动过程和活动力量"。[4] 在此意义上,美就不是自由的"象征",象征只是精神符号意义上的。自由的形式是主观目的性和客观规律性的统一,也是合目的性和合规律性的统一。自由是人的本质,而自由的形式就是美的本质。而自由和自由的形式也都是人类实践的历史成果。自由的形式也就是自由的力量、自由的实在。[5] 形式作为对象外观上的形式规律或性能只是次要的,主要的是人的主观能动力量。因此,李泽厚的"美是自由的形式"就是人类通过运用必然性(自由)改造客观现实的实践活动(形式)。

自然界的规律是真,人类实践主体的根本性质是善。人类实践正是运用规律(真)的实践。"真与善、合规律性和合目的性的这种统一,就是美的

①李泽厚著:《美学四讲》,三联书店1999年版,第53页。
②李泽厚著:《美学四讲》,三联书店1999年版,第59页。
③李泽厚著:《美学四讲》,三联书店1999年版,第60页。
④李泽厚著:《美学四讲》,三联书店1999年版,第59页。
⑤李泽厚著:《美学四讲》,三联书店1999年版,第61页。

本质和根源”。[1] 在这里，真就是自然，善就是形式。人对真的运用就是自由。对真的运用是人类的主体性实践，即合规律性的实践，也就是善。从客观对象上说，由于人类的合规律性的实践，自然本身具有了合目的性的内容。于是，从主体上说，善（人类实践）是内容，从客体上说，真（自然规律）是内容。前者是社会美，后者是自然美。社会美就是人类实践（善）作用于自然（真）的结果，自然美就是自然（真）本身蕴含着人类实践（美）。前者是善中有真，后者是真中有善。

由于人类实践首先是改造自然的生产活动，因此社会美首先表现为动态过程，这样在艺术上，崇高和壮美就先出现，优美后出现。崇高、壮美就是人类的斗争、冲突、毁灭等的反映。然后是各种成果、产品，如庄稼、飞机等。它们的美是因为体现了社会目的性。其本身的建成则是合规律的，这就是社会美。社会美的另一种情况是历史美，如历史废墟、传统的古迹、青铜器，都具有历史的多重意味。社会美还有一种情况是“人的自然化”，也就是使人类生活更贴近自然，而不被技术所异化。这就是“天人合一”的新义：“靠人类的物质实践，靠科技工艺生产力的极大发展和对这个发展所作的调节、补救和纠正来达到”。总之，社会美首先指的就是“整个人类的生长前进的过程、动力和成果”。[2]

李泽厚在这里修正了原来持有的形式美是自然美的观点，认为形式美主要是社会美。形式美是人类实践的产物，这个产物是打上了人的实践的烙印的，各种各样的形式的意味都是社会赋予的，因此是“有意味的形式”。形式之所以美，是由于人类的“抽离”。抽离就是抽象。形式美不是精神抽

---

①李泽厚著：《美学四讲》，三联书店 1999 年版，第 64 页。

②李泽厚著：《美学四讲》，三联书店 1999 年版，第 68 页。

离，而是实践抽离。由于形式美是人类实践（使用—制造工具的生产活动）的抽象成果，因此也就必然指向技术美。技术美就是人类物质文明的美。在李泽厚的哲学美学体系中，“技术美正是美的本质的直接披露”。[①] 可以说，技术美是李泽厚美学的最突出的代表。在这一点上他就必然对那种一味批判技术的行为和看法不满意，认为是“没有道理的”。李泽厚看到技术使人异化的现实，而克服它不在于抛弃科技工艺，而是“人的自然化”和“寻找‘工具本体’本身的诗意”。[②] 前者就是自然美。

自然美是自然人化的结果。自然人化有广狭两义，狭义自然人化是人类对自然直接的改造、征服，广义自然人化是指由于人类实践的发展，人与自然的关系发生了根本性的变化。发生这种根本性的变化之后，与生产实践没有直接关系的自然，如山水花鸟，或者与人类社会具有否定性关系的自然，如雷电等，就进入了美的领域。这是从根源上说。广义自然人化发生后，具体的自然美则具有更多的社会、文化、宗教、历史及个体等的因素。就中国而言，自然景物、山水花鸟成为美则经历了四个阶段：第一是神话阶段，此时自然是与人为敌的，大致时代在殷周；第二是幻想阶段，这时的自然是神话或人工加工过和幻想加工过的，大致时代在秦汉魏晋；第三是本色的自然阶段，神话和幻想的内容弱化了，大致时代在宋元；第四是现代。

“自然的人化”的对应是“人的自然化”。“人的自然化”分为三层：第一层是人与自然的友好关系，人类不去征服破坏自然；第二层是人与自然的审美关系，人欣赏自然，投身自然怀抱；第三层是人与自然的内在一致关系，即天人合一，如气功等。天人合一有两义，一是此前评及的社会美的注重规律

---

①李泽厚著：《美学四讲》，三联书店 1999 年版，第 72 页。

②李泽厚著：《美学四讲》，三联书店 1999 年版，第 73 页。

>> 1989 年版《美学四讲》，是李泽厚的美学体系的集中体现

性服从于目的性，二是自然美的目的从属于规律。前者是“自然的人化”，后者是“人的自然化”。“自然的人化”是“工具本体的成果”，“人的自然化”是“情感(心理)本体的建立”。[1]

对技术异化的克服还有一个方向是工具本体诗意。从历史上看，科技的发展就已经蕴含着诗意的内容，比如手工艺等。因此，即便是现代大工业，其性质仍然是人类实践，必然蕴含着诗意的可能。因此，李泽厚说：“不必去诅咒科技世界和工具本体，而是要去恢复、采寻、发现和展开科技世界和工具本体中的诗情美意。”[2]对这一点，李泽厚具有着浓厚的理想主义的色彩。科技工艺的发展本质上的确是人类实践，但科技工艺的巨大发展却远远超乎人类的想象，人类也不可能保证自己的实践时时处处就合规律，合规律之后也不能保证必然就合目的，甚至还不能保证所要合的规

---

①李泽厚著：《美学四讲》，三联书店 1999 年版，第 82 页。
②李泽厚著：《美学四讲》，三联书店 1999 年版，第 84 页。

律是否就是真正的规律等。这些都是从哲学上说的。从现实角度而言，修正整个技术工艺体系又非个人之功、一时之功。再从发生学角度而言，真正的问题在于人类究竟何时犯下了错误。应该说这是利益（利润、资本）逻辑的结果，即私有制问题。生产实践在目的上并不是为了人类，而是为了某一集团而已。因此，只有将破除私有制、物质文明健康发展、政治文化建设结合起来才是克服异化的根本所在。

三、建立新感性

美感是审美对象之所以为美的主观原因。

在《美学四讲》中，李泽厚将美学的研究对象定位为"美感经验"。美感经验是美学的基本概念，当年朱光潜在《文艺心理学》中就讨论了美感经验。本质上，美感经验和美感是同一概念，区别或许只在于美感经验更侧重个体。李泽厚将广义的美感称为审美意识或审美心理。[①] 审美意识也就是审美感，审美感是人类的主观意识，这一看法在1963年的《审美意识与创作方法》中已出现。

在1984年的《美感谈》中，李泽厚将广义的审美意识分为三个阶段：准备、实现和成果。这一看法在《美学四讲》中得到延续。李泽厚将美感分为三层：第一是最广义的美感，即审美意识；第二是广义的美感，即审美经验；第三是狭义的美感，即审美愉快。审美经验是审美意识的实现阶段，也就是美感，包括感知、理解、想像（即"想象"，此处李泽厚用的是"想像"）、情感等。不过总体上，美感经验、审美经验主要是心理上的。尽管美感属于心理

---

①李泽厚著：《美学四讲》，三联书店1999年版，第106页。

学,但美学的心理学研究却还不完善,像移情说、距离说等等还仅仅是现象描述,最重要的理论则是格式塔心理学和弗洛伊德的精神分析理论。前者强调心理与物理(运动、形体等)的同构关系,后者强调情欲(本能、无意识)等。李泽厚从哲学上来谈论美感,认为美感涉及心理本体、情感本体,即建立"新感性"。建立新感性就是建立人类心理本体。人类的心理本体是内在自然人化的结果。如果说外在自然人化是美的本质,那么,内在自然人化就是美感的本质。

内在自然人化(心理本体、文化心理结构)分为三个领域,即认知、道德、审美。美感的内在自然人化分为两个方面,一是"感官的人化",即感性的社会性,视觉、听觉成为主要的审美感官。二是"情欲的人化",即人类的自然性情欲获得了人类性的理性内涵。作为内在自然人化的美感,有两个方面,一是感性的、直观的、非功利的,二是超感性的、理性的和具有功利性的。[①] 新感性就是感性中积淀了社会的、理性的、历史的东西,也就是自然的人化的成果。

这一成果是由一系列审美活动实现的。在准备阶段是审美态度和审美注意。审美态度也称审美立场,审美注意是审美态度的具体化。经过了审美注意后,便进入了审美的实现阶段。审美的实现阶段包含感知、理解、想像、情感。审美感知是"一个复杂的社会—生理产物"。[②] 感知既是感性的,又是理性的,后者就是审美理解。审美理解分为四层,第一层是非功利性的理解,第二层是对象内容的理解,第三层是对象情感特征、技术特征的认识,第四层是非确定性、多义性的认识,这也是最高层次,只能意会不能言传。

①李泽厚著:《美学四讲》,三联书店 1999 年版,第 104 页。
②李泽厚著:《美学四讲》,三联书店 1999 年版,第 115 页。

这是由于其含有想像的因素。想像是审美的中介，也是其关键。想像具有丰富性、广阔性、非概念性。审美愉悦除了理解、想像因素外，还有情感。情感与想像、理解等关系密切，“情感使想像装上翅膀，趋向理解，化为感知”。[①]最后形成的就是审美愉快。审美愉快除了感知、理解、想像、情感，还包括情欲本能，不过它们不是独立起作用的。审美愉快是由多种心理功能综合产生的，这也就是李泽厚所说的审美的“数学方程式”。

这一审美过程的性质历来有不同看法，一是像瑞恰兹等人认为的，审美经验只是日常生活感受因素达到某种“恰到好处”的状态而已，另一种则像克莱夫·贝尔认为的，审美经验只是对特定形式（“有意味的形式”）的感受。二者均有合理之处，前者侧重审美的来源和组成（依存美），后者侧重审美的成果和状态（形式美），[②]但也有局限。对前者而言，审美经验毕竟有不同于日常经验的地方，如对纯形式的感受，对后者而言，有意味的形式不可能是与社会内容相分离的。审美经验的具体心理过程仍然是有待研究的，因而“研究由各种形式的不同配置而产生的不同心理效果，探测不同比例的心理功能的结合，是美学研究中大有可为的事情”。[③]

审美经验的积累产生了审美观念，形成了审美趣味，孕育了审美理想，这就达到了成果的阶段。当然，审美观念、审美趣味、审美理想的形成也有非审美经验的因素。

审美观念、趣味、理想总称为人的审美能力。在形态上，人的审美能力分为三个层次，第一层次是悦耳悦目。悦耳悦目指的是对形式的感知力，也

---

①李泽厚著：《美学四讲》，三联书店 1999 年版，第 122 页。
②李泽厚著：《美学四讲》，三联书店 1999 年版，第 127 页。
③李泽厚著：《美学四讲》，三联书店 1999 年版，第 129 页。

就是“使人的感官生理日益高级化、复杂化、丰富化”。[①] 这是生理性日益积淀了社会性、理性等因素，由此人的感官便“日益拥有丰富的包容性”。[②] 由悦耳悦目往上便进入了第二层次——悦心悦意。与悦耳悦目一样，悦心悦意使“人的感性情欲日益高级化、复杂化、丰富化”。[③] 悦心悦意就是陶冶性情，对“人类的心思意向的某种培育”。[④] 最高的层次是悦志悦神。悦耳悦目主要培育人的感知，悦心悦意主要培育情感心意，而悦志悦神主要是“达到某种超道德的人生感性境界”。[⑤] 在中国，这就是“天人合一”。这个最高境界不是宗教的，而是审美的。这里“超道德”是“悦志”，“人生感性境界”就是“悦神”。之所以如此，乃在于中国的乐感文化和实用理性。从思想轨迹而言，李泽厚的审美形态三层次说1982年即形成：“最普遍的是悦耳悦目，其上是悦心悦意，最上是悦志悦神”，同时他还认为审美是人生的最高境界。[⑥]

四、艺术积淀理论：形式、形象与意味

艺术是美学三大领域（美的哲学、审美心理学、艺术）之一，也是美的三大领域（社会美、自然美、艺术美）之一。什么是艺术和什么是艺术品这两个问题是结合在一起的。关于艺术品，李泽厚认为，艺术品首先是人工制品，这是艺术的载体，另一是审美经验。前者是必要条件，后者是充分条件。二

---

①李泽厚著：《美学四讲》，三联书店1999年版，第137页。
②李泽厚著：《美学四讲》，三联书店1999年版，第136页。
③李泽厚著：《美学四讲》，三联书店1999年版，第137页。
④李泽厚著：《美学四讲》，三联书店1999年版，第139页。
⑤李泽厚著：《美学四讲》，三联书店1999年版，第140页。
⑥李泽厚：《中国美学及其他》，见《李泽厚哲学美学文选》，湖南人民出版社1985年版，454页。

者也是主观客观的统一。

艺术品分为三个层次，即形式层、形象层和意味层。

形式层是由原始积淀而得来的。原始积淀是“一种最基本的积淀，主要是从生产活动过程中获得，也就是在创立美的过程中获得”，“由于原始人在漫长的劳动生产过程中，对自然的秩序、规律，如节奏、次序、韵律等等掌握、熟悉、运用，使外界的合规律性和主观的合目的性达到统一，从而才产生了最早的美的形成和审美感受”。[①] 李泽厚从形式的原始积淀开始说起，是因为他持的观点是“美感先于艺术”。人类最早的美感不是对艺术品的美感，而是对形式规律的把握和对自然秩序的感受，即形式美感。这种形式美感是人类实践的产物。从时间上说，它是最早，故而称为原始积淀。随着社会的发展，原始积淀也在发展，但和原来的原始积淀大为不同了。

然而，艺术的形式层不仅仅有原始积淀一种原因。除原始积淀外，还包括物质材料本身（质料、体积、重量、颜色、声音、硬度、光滑度……）与主体心理结构的关系。材料本身的形式美感并非直接来自生产实际，故而也非原始积淀所能概括。

艺术品的形式层在原始积淀的基础上，向两个方向延伸，一个方向是身心向自然延伸，追求与“宇宙节律的一致和同构”，[②]即“人的自然化”。另一个方向是形式向时代性和社会性延伸，也就是说，不同的时代和社会对形式有不同感受。艺术形式的变化就在于上述三个方面，即原始积淀、宇宙同构、时代社会。

第二层是形象层。形象层“一般指艺术作品所呈现如人体、姿态、行为、

---

①李泽厚著：《美学四讲》，三联书店 1999 年版，第 162 页。

②李泽厚著：《美学四讲》，三联书店 1999 年版，第 169 页。

动作、事件、物品、符号图景等可以以语言指称的具象或具象世界。它们构成所谓再现型艺术作品的题材、主题或内容”。[1] 李泽厚认为艺术起源于巫术,形象层就充分证明了这一点。巫术具有模拟的性质,音乐、舞蹈、诗歌都是从巫术的过程形态的形式方面演化而来的。“这个过程形态主要是对现实生活、生产的现象性的模拟活动,亦即形象”。[2] 原始巫术中艺术因素(诗歌、音乐、舞蹈)具有着“具体的生活的想像内容,从而经常是诉诸情欲的形象世界,即它展现为一个有着具象内容的、由活动到静观的艺术世界”。[3] 因此,形象层也被称为形象情欲层。人类从艺术的形象世界(即再现的艺术)里得到情欲的满足。由此而言,艺术的形象层主要应分析的方面不是故事情节、人物性格等,而是“表面形象(人物、事件、情节、图景、典型、意境等等)下的意识和无意识的深层结构”。[4] 意识和无意识的深层结构就是人类的情欲与本能,这是人类的动物性与社会性的交融渗透。艺术作品中的形象体现了人类的本能,主要有爱(性爱和母爱)和死两个方面。随着社会的发展,性升华为性爱,性爱又升华为纯精神的爱恋。在这一点上,李泽厚反对纵欲主义和禁欲主义。前者没有看到性爱的社会性因素,后者只看到性爱的生物性因素。艺术形象呈现了一个幻想的世界,在这个世界里,人类的心灵得到陶冶、净化、升华。艺术形象层有两个方面,即自然(生物)方面的情欲和社会方面的观念,二者相互交织,从而“展现为一种‘由再现到表现,由表现到装饰,再由装饰又回到再现和表现’的形成流变”,这就是李泽厚所说的“艺术积淀”。[5]

---

①李泽厚著:《美学四讲》,三联书店 1999 年版,第 171 页。
②李泽厚著:《美学四讲》,三联书店 1999 年版,第 173 页。
③李泽厚著:《美学四讲》,三联书店 1999 年版,第 174 页。
④李泽厚著:《美学四讲》,三联书店 1999 年版,第 175 页。
⑤李泽厚著:《美学四讲》,三联书店 1999 年版,第 189 页。

原始社会的艺术主要是再现的，即写实的，之后转向了表现的艺术。表现的艺术要超越具体之物的局限，因此就更加倚重形式，这就需要抽象。由于抽象，写实的艺术逐渐形式化、符号化。艺术从再现到表现，表达的内容不是少了，而是更多了，这是因为它更自由了。“在抽象、简化中所表达的感情内容、想像内容、理解内容是更加复杂和深刻了。”①现代艺术就是抽象表现艺术。抽象表现艺术的形式是感性的，但内容却是理性的。人们看到的是感性的形式，却不能直接看到理性的内容。前者就是所谓的“有意味的形式”。有意味的形式是因为积淀了社会的内容，随着历史的变化，人们不能直接看到这种内容。但是这种有意味的形式经过长期的发展就成了“一般的形式美、装饰美”。② 后现代艺术就是这种装饰美的体现。而真正的后现代则是新的艺术阶段，其特征就是复归自然等，也可以称为人的自然化。

古典艺术的形式是和谐的，现代艺术的形式则是不和谐的，而这恰是人类心灵的进步。艺术的发展就是审美形式与社会内容的相互转变。一方面艺术从再现到表现，从表现到装饰，日益成为纯粹审美，审美日益成为装饰；而另一方面则是艺术又突破这些，“要求具有非审美的、社会的（宗教的、伦理的、政治的等等）具体内容”。③ 尽管形式是超历史的，但人们又需要“具体的对象化”。这两个方面就是艺术积淀和突破积淀双向互动的过程。在我看来就是形式主义与内容主义的互动。

艺术的第三层次是意味层。意味层并非独立的，它和前面的形式层、形象层有很大关系。意味层是艺术的最高层次，也是成功作品和伟大作品的原因。那些仅仅具有形式层和形象层的艺术作品往往是不具有持久性的，

---

①李泽厚著：《美学四讲》，三联书店 1999 年版，第 190 页。
②李泽厚著：《美学四讲》，三联书店 1999 年版，第 193 页。
③李泽厚著：《美学四讲》，三联书店 1999 年版，第 197 页。

虽然它们的内容主题等具有持久性。而艺术的意味层是指“作为纯粹人类性的心理情感本体的建立。”[①]前者可以同一主题而作品不同，作品不具有永恒性，后者则是作品本身就是永恒的。这一点同英伽登的艺术作品“形而上质”(《文学的艺术作品》,1931)接近，也是关于生命、存在和本体的。[②]

李泽厚认为，意味层专指“某种更深沉的人生意味。”[③]从意味层上说，艺术形式层的陌生化就是“从麻木中唤醒人们去感受和领悟人生和命运”，艺术形象层则是“确认、证实生命的意义(无意义)和动力”。[④] 人生的意味不是超离人世，而是和生命不离不弃，因而也就是审美的。人生意味既是人类本体，也是艺术本体，是它“使人得到解放”。[⑤] 由此，艺术获得了超越时代的特性，向未来开放。

人生意味还同“天人合一”相关。意味层的意味，“包含有与宇宙普遍性形式的情感同构感应”。[⑥] 美感的“高级形态”超越感知、情欲，而“进入某种对人生、对宇宙的整个体验的精神境界”。[⑦] 通过艺术的时空体验，“直接地唤醒、培育、塑造人的自觉意识，丰富人的心灵，去构建这个艺术—心理情感的本体世界，以确证人类的生存和人的存在”。[⑧]

对艺术家而言，要善于去捕捉这种人生意味。这种意味往往存在于“社会氛围”之中。那种具有特别深刻的社会氛围，“能集中表现社会的潮流、时代的气息、生活的本质，它和人们的命运、需要、期待交织在一起，其中包括

①李泽厚著:《美学四讲》,三联书店1999年版,第200页。
②王岳川著:《当代西方最新文论教程》,复旦大学出版社2008年版,第94页。
③李泽厚著:《美学四讲》,三联书店1999年版,第200—201页。
④李泽厚著:《美学四讲》,三联书店1999年版,第201页。
⑤李泽厚著:《美学四讲》,三联书店1999年版,第203页。
⑥李泽厚著:《美学四讲》,三联书店1999年版,第205页。
⑦李泽厚著:《美学四讲》,三联书店1999年版,第206页。
⑧李泽厚著:《美学四讲》,三联书店1999年版,第206—207页。

有炽烈的情感，有冷静的思考，有实际的行动，从而具有深刻的人生意味”。[①]这就是“生活积淀”，“即把社会氛围转化入作品，使作品获有特定的人生意味和审美情调”。[②]

艺术的三个层次即三种积淀，意味层是对形式层、形象层的突破，但三者又紧密结合。概括讲，“原始积淀是审美，艺术积淀是形式，生活积淀是艺术”。[③] 原始积淀是审美，即原始积淀导致了审美；艺术积淀是形式，即艺术积淀走向了形式化；生活积淀是艺术，即艺术拥有了“人生意味”而成为真正的艺术。在这里，积淀是狭义的，不是广义积淀的理性化为感性、社会化为个体、历史化为心理，而是“审美的心理情感的构造”。[④] 作为狭义的积淀，其使命就是生发人生意义，就是既建立积淀又打破积淀。

五、体系的贡献与局限

作为体系的定型，《美学四讲》有其独特的贡献。《美学四讲》是李泽厚第一部具有系统性的美学概论性的个人专著。应该说，从美学专著上说，《美学四讲》还不是第一部，1989 年之前的确有美学专著出版，[⑤]但是，从其思想的成型而言，《美学四讲》显然的是新时期以来的第一部具有系统性的美学专著。

《美学四讲》是李泽厚美学思想文本系统化的载体。在《美学四讲》中，其“自然人化”与“积淀”理论得到了更为充分的展现。“自然人化”先分为

①李泽厚著：《美学四讲》，三联书店 1999 年版，第 208 页。
②李泽厚著：《美学四讲》，三联书店 1999 年版，第 208 页。
③李泽厚著：《美学四讲》，三联书店 1999 年版，第 209 页。
④李泽厚著：《美学四讲》，三联书店 1999 年版，第 209 页。
⑤杨辛、甘霖著：《美学原理》，北京大学出版社 1983 年版。

"自然人化"和"人的自然化",其中"自然人化"又分为外在、内在两方面,内在自然人化又分为感官的人化、情欲的人化。"积淀"分为广、狭两义,广义又分为三个方面,即理性化为感性、社会化为个体、历史化为心理。审美属于狭义积淀(审美)。人的自然化则是自然人化的对应物,也是新时代的命题。外在自然人化即主体性实践,即使用—制造工具的生产实践,形成了工具本体。内在自然人化形成了心理本体,即文化—心理结构。审美就是心理本体的情感本体。这一积淀理论体现在美、美感和艺术三大领域。李泽厚说:"我的美学观点主要在《美学四讲》一书里。"[①]《美学四讲》全面传达和体现了李泽厚的美学理论,是其理论代表作。该书2006年出版了英译本。[②]

2010年2月,《诺顿理论与批评文选》(*Norton Anthology of Theory and Criticism*,New York & London: W. W. Norton & Company, 2010)第二版出版,该书是美国乃至于当今西方世界最全面、最权威、最有参考价值的文艺理论选集,李泽厚《美学四讲》艺术篇中的第二章,即"形式层与原始积淀"入选,成为进入一直由西方理论家"统治"的文论选的第一位现代中国学者。编者认为,李泽厚"所发展的精致复杂、范围宽广的美学理论值得持续地注意,特别是其中关于'原始积淀'的独创性论述"。

《美学四讲》深刻体现了李泽厚思想的连贯性、继承性和创新性。李泽厚一再说明,其美学的基本观点在五六十年代的美学大讨论中已经成型。这一点是有合理之处的。但是,我认为其"深化"则是在70年代末,借助于康德哲学、儒家思想等理论资源,对马克思哲学有了进一步的发挥,如自然人化、积淀理论、文化—心理结构、情感本体、礼乐文化、天人合一、实践理

①李泽厚、戴阿宝:《美的历程——李泽厚访谈录》,载《文艺争鸣》2003年第1期。

②*Four Essays on Aesthetics: Toward a Global View*,由李泽厚和Jane Cauvel共同翻译(Lanham, MD: Lexington Books, c2006)。

性、建设精神文明等等，这些成为80年代以后一再出现的命题，也体现在《美学四讲》及其前身的四篇讲稿中。当然，其中也有变化，比如从原来的偏重美的本质的讨论，转向了对审美心理的重视，进一步深化了对自然美的看法，将形式美纳入社会美，提出“人的自然化”等。

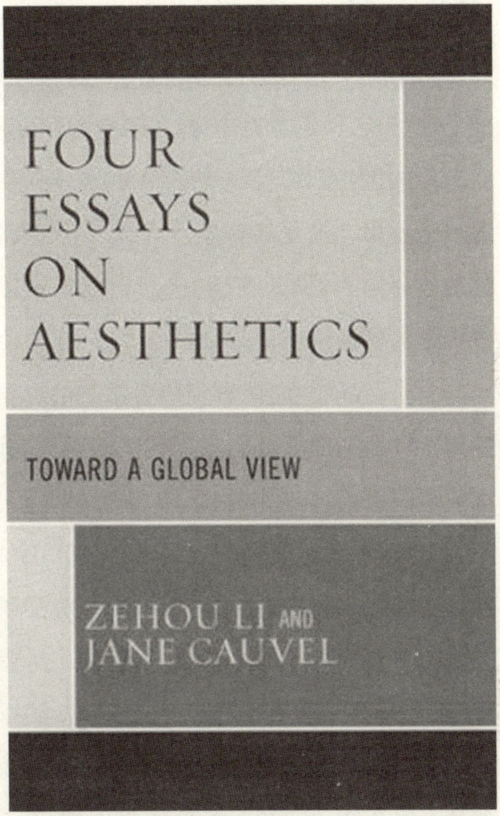

>>《美学四讲》英译本

《美学四讲》有一种融合古今中西的视角。西方有马克思主义、康德，还有西方现代美学中的形式主义（克莱夫·贝尔）、精神分析、格式塔心理学等，还有当代的解构主义、后现代主义。中国有实践理性、乐感文化、天人合一。古代有原始积淀理论，今天有人的自然化，还有对审美心理的数学方程式的期待，对新感性、情感本体的无限期望。

《美学四讲》体现了作者不断发展自己、关注现实的人文立场。尽管其观点没有根本性的变化，但已经捕捉到当前人类的命运问题，将自己的理论任务定位在对人类心理本体的建立和完善上。提出“工具本体的诗意”，从“自然人化”到“人的自然化”，从物质实践到精神世界，从革命到建设，这些都是李泽厚应时而发的思想结晶。

《美学四讲》成为了实践美学的经典文本。实践美学的代表有蒋孔阳、刘纲纪等人,他们虽有专著,但在《美学四讲》出版之前却尚无系统性的美学概论性的著作。并且,《美学四讲》是全面传达理论的专著,也更为集中突出地成为后来者批评的对象。这部书遭遇到了强劲挑战,学者汪济生写出专书加以评论。[1] 原因在于,这部书既集中体现了李泽厚的美学思想,也是实践美学的代表。

同时,我们也应该看到体系本身的局限。这种局限首先是理论的局限。任何一种理论都不可能穷尽美学问题。实践美学在解决美的起源问题上没有丝毫的松动,但在解决具体的艺术问题时却捉襟见肘。由于一系列的中间、中介环节无法得到细致呈现,使得其只能借助其他理论。如对审美心理的形态状态等的分析,这并不是实践美学所能解决的,说明实践美学并不是万能的。如原始积淀的更为久远的历史是如何发生的,这需要考古学的说明,而未来心理情感本体的建立,究竟该如何实现,这是审美教育的任务,《美学四讲》也没有详细阐述。汪济生认为,李泽厚美学的逻辑起点——劳动是不完全的、绝对的,审美的当下性不必牵涉到那么久远的积淀;指出实践美学将马克思的原文“劳动生产了美”错译为“劳动创造了美”,从而使实践对美的绝对性地位发生了动摇,简言之,劳动只是美的必要条件,却非充分条件;指出李泽厚对美学实证研究的匮乏,片面认为美学离成熟还早;忽视劳动创造人之前的自然创造人的基本事实,等等。这些看法也值得认真对待和分析。

《美学四讲》没有完成美学的最终任务,首先这是一部学派化的专著,没

---

①汪济生著:《实践美学解构——评李泽厚〈美学四讲〉》,上海人民出版社2007年版。

有反映新的和其他人的理论成果，它作为专著是可以的，但作为美学概论性的著作还是有所不足。在《美学四讲》里，各种美学流派的对话仍然是不充分的，尽管保持了某种开放性，如心理分析、存在主义、逻辑实证主义、解构主义等。《美学四讲》试图统一诸理论，这导致其理论的泛化，反而削弱了自己的理论品格。

《美学四讲》洋溢着乐观主义、理想主义与审美主义。这当然是马克思哲学本身的理论本质。但其问题在于，理想落实却是异常艰难的。李泽厚所强调的马克思哲学主题（人的自由全面发展）仍不是现在的主题，李泽厚也说明了这一点，但他却没有在现实主题这一点开掘，如审美的数学方程式，还有具体的审美心理的科学研究。如果《美学四讲》没有反映这些新的成果，那么，这种乐观、理想和审美也仅是空中楼阁而已。李泽厚对美学的看法还摇摆于人文主义与科学主义之间，美学既可以是不成熟的（就科学而言），又可以是“第一哲学”（就人文意义而言），这对美学的发展而言似乎是不必要的内耗。

对审美主义，我认为《美学四讲》过分夸大了人格境界的审美意味。李泽厚过分突出了心理本体的情感因素，而对理智、伦理的作用缺乏与美学相当的论述。获得人格的崇高境界，未必都来自审美，政治责任、道德境界、人类视野等等，都可以让人体验人生的意义。在这一点上，李泽厚恰恰忽略了实践本身的重要意义。正是对世界的改造、完善和维护的具体实践，才让人意识到人之为人的伟大。在这一点上，我宁愿去限定审美的意义。

《美学四讲》本身有其形式上的局限。《美学四讲》是专著，章节安排也合理，但具体的论述则层次不清晰，有很多具体问题仍然没有系统化，或者说没有充分展开，如审美教育、母题、人物形象、情节、语言等。有些内容并不需要特殊的理论阐述，但由于理论的过分渗入，使得本应讨论的问题却模糊了。

总之,如果人们想从《美学四讲》中得到理论的启发、体悟是完全可能的,但要说《美学四讲》展现了美学更为宏大的内容、多元的精神风貌和积极的现实操作品格,或许稍显不足,并等待后来者的落实。

第九章　世纪回望

似乎评述完《美学四讲》之后，李泽厚的美学也就结束了。这是有道理的，李泽厚说过："《美学四讲》以后，我就告别美学了。"[①]1989 年以后李泽厚出版的各类著作，都不是专门讨论美学的。那么，我们为什么要再继续写呢？本套丛书既然是美学家、文论家丛书，那么，李泽厚的文论研究也就是题中应有之义了。但是，李泽厚的文论不是社会学意义上的文论，而是哲学的文论，即对文学进行本质性探讨的文论，其美学观点也多体现于文论研究中。

其实，作为美学家的李泽厚，其本身就是文艺理论家，只是被他的美学成就掩盖了而已。早在 1955 年，李泽厚发表的第一篇论文《关于中国古代抒情诗中的人民性问题》就是典型的文艺论文，相近的还有《谈李煜词讨论中的几个问题》，以及《美的历程》中有关文学的论述等。这些在前面已经论述了，此处不再赘述。这里要分析的

①李泽厚、戴阿宝：《美的历程——李泽厚访谈录》，载《文艺争鸣》2003 年第 1 期。

>>1999 年春在美国科罗拉多州住宅附近，李泽厚身后是他的座驾 Volvo（沃尔沃）

是李泽厚对 20 世纪中国文艺的研究和反思。这个反思主要是在 20 世纪的 80、90 年代。

1992 年以后,他旅居美国,时年 62 岁。到美国主要是在大学里教书,这迥然不同于国内。李泽厚常常说,他到美国有三大冒险,一是 62 岁的年龄还要去学开车。为什么呢? 在美国那种环境里,不学开车就等于没办法走路。二是必须要学会讲课。李泽厚毕业之后就分到社科院了,从来没有上过课,只是做过各类演讲。但到了大学里,就必须要登台,系统地讲课。三是必须用英文讲课。这三大冒险对一个年过六旬的人来说的确是个挑战,但他总算都闯了过去。由此可见李泽厚先生超强的适应能力和豁达的人生境界。

旅居海外前后,从 1990 到 1995 年间,李泽厚出版和发表的美学论著很少。90 年代前期和中期是李泽厚思想发展的暂歇期,从 1990 年到 1998 年,李泽厚在内地没有出版过新论著。1995 年,香港出版了他和刘再复的对谈《告别革命——回望二十世纪中国》一书。此书既非李泽厚的专著,也非美

>>20 世纪 90 年代,在家中写作的李泽厚

学著作，但其意义却很特别，该书被认为是李泽厚某些新观点的体现。[①] 在《告别革命》一书中，李泽厚与刘再复二人用整整一编的篇幅，讨论二十世纪的中国文艺。尽管这属于对话，学术性不强，但其思想的火花还不时闪现。本章对此加以述评，并由此考察李泽厚对20世纪中国文艺的基本看法及其借鉴意义。

一、六代知识分子的心路历程

要理解李泽厚对世纪文艺的回望，首先要看《中国现代思想史论》中的《20世纪中国文艺一瞥》。在李泽厚的三本思想史论中，《中国现代思想史论》出版的时间最晚，其下限已延伸到当代。从思想史角度谈论文艺，是"通过文艺创作者的心态，以观察所展现的近现代中国所经历的思想的逻辑，即由心灵的历程所折射出来的时代的历程"。[②]

《一瞥》一文共分六个部分，按时间顺序依次讨论了20世纪初、20年代、30年代、40年代、50—60年代、新时期中的文艺。这六个阶段也是六代知识分子的心路历程。这六代的划分始见于《中国近代思想史论》。[③]

20世纪初的一代，即辛亥一代，其特色是由传统的士大夫转变为现代的知识分子。这代知识分子的矛盾是，理智（思想认识）上已进入现代，但情感（心态）上仍然是中国传统。这可以从林觉民的家书看出来。林觉民就义前在香港给父亲及妻子写了一封绝命书，表达了慷慨赴死的决心。20世纪初

①黄克武：《论李泽厚思想的新动向：兼谈近年来对李泽厚思想的讨论》，载《中央研究院近代史研究所集刊》，第25期，1996年6月。

②李泽厚著：《中国现代思想史论》，东方出版社1987年版，第209页。

③李泽厚著：《中国近代思想史论》，人民出版社1979年版，第470—471页。

的知识分子，其悲壮的心态，“基本上仍然是中国传统的士大夫家国兴亡责任感和人生世路凄凉感在新时代里的表现”。[①] 晚清小说也类似，然而，它们不但缺乏新思想（世界观、人生观），也缺乏新的心态。变化是由拜伦热、林译小说和苏曼殊触发的。拜伦个性浪漫，具有反抗精神，罗素将其概括为“思想情感方式”。而林纾则通过翻译引入“新的生活图景、人生观念、情绪感受”。这当然不再是回归传统，或者从传统中找到出路那么简单了，而是日益吸纳西方的思想。苏曼殊就是代表，他的作品触及了“个体主义的人生孤独感和宇宙苍茫感”。[②] 这些新的“思想情感方式”是世纪转换的预告，也开启了新的时代。

“五四”一代（1919—1925）突破了传统，情感挣脱了传统的束缚，呈现出一派清新气息。这种感情是多愁善感的，是丰富细腻的。这种感情是新时代的母爱、父爱和性爱。冰心的作品体现母爱的单纯和博大，“单纯如水晶般的诚挚的母爱”构成了“一个本体世界”[③]。朱自清的《背影》，父爱也是如此的实实在在，那种可触摸的具体正是爱的本身。性爱在“五四”不是深沉的，而是青春的。淡淡的哀伤，难以释怀的惆怅，对未来的不确定，是二十年代文学的情感特征，是婉约派的青春。郭沫若的《女神》也同样是青春的，只不过是豪放派的青春。在这里，他们都是在“创造性地转化传统的积淀”。[④] 当然，最深刻的还是鲁迅。鲁迅作品蕴含着“巨大的思考重量”。这种思想的重量是“背负着因袭的重担，艰难地走向未来，深知前景的渺茫，路途的荆棘，从而具有沉甸甸的悲观情绪和浸透了反省理性的伟大感性”，因而达到

---

①李泽厚著：《中国现代思想史论》，东方出版社 1987 年版，第 211 页。
②李泽厚著：《中国现代思想史论》，东方出版社 1987 年版，第 216 页。
③李泽厚著：《中国现代思想史论》，东方出版社 1987 年版，第 220 页。
④李泽厚著：《中国现代思想史论》，东方出版社 1987 年版，第 225 页。

"对本体真正现代意识的把握"。[①] 鲁迅的作品是知其不可为而为之,悲壮而不悲观。鲁迅的作品成为"五四"心灵开放一代的"无可比拟的精华","空前绝后,无与伦比"。[②]

"五四"以后,社会现实越来越严峻,革命日益成为社会的价值选择。第三代知识分子是举足轻重的,他们创造了模式和规范,影响后世。在文艺领域,真正的小说(长篇小说)、戏剧、电影和诗歌(格律)出现了。在小说领域,茅盾的《蚀》具有"开创性"。[③] 客观现实的世界得到了展现,社会各个层次、各个方面的现实都得到了"真正客观的描述"。[④] 这已经不再是20世纪20年代的各类主观问题(恋爱、婚姻等)。在诗歌领域,也不再是散文诗,而是开始讲究形式美。在电影领域,是以夏衍、田汉为代表的"左翼电影",其特点也是客观描述,注重生活的真实。

20世纪20年代的文艺主要还存在于都市,进入30、40年代以后,农村文艺开始蓬勃发展。最重要的原因在于抗日战争的爆发。革命文艺转入农村,农民的"真实生活和真实苦难和他们的心声第一次大规模地进入了文学"。[⑤] 这个时候,对那些创作主体而言,他们面临的问题就是,他们内心的城市性格(高贵、纤细、优雅)和农村现实生活究竟如何融合。很多时候,城市知识分子并不适应农村生活。这就是他们的"思想情感方式"。路翎的《财主的儿女们》将这种"思想情感方式"表达得异常突出。30年代的时代主题是"知识分子工农化"。[⑥] 工农化的进一步发展就是以牺牲非工农性为

---

①李泽厚著:《中国现代思想史论》,东方出版社1987年版,第226页。
②李泽厚著:《中国现代思想史论》,东方出版社1987年版,第227页。
③李泽厚著:《中国现代思想史论》,东方出版社1987年版,第230页。
④李泽厚著:《中国现代思想史论》,东方出版社1987年版,第232页。
⑤李泽厚著:《中国现代思想史论》,东方出版社1987年版,第238页。
⑥李泽厚著:《中国现代思想史论》,东方出版社1987年版,第242页。

代价的,这种单一化到了 80 年代才得到扭转。那种格格不入的“思想情感方式”最后也就形成了本土性、民族性和底层性的特征。

20 世纪 50 年代的情况变化了,革命胜利,国家独立,全面的社会建设也就开始了。那种工农化也逐渐走向道德化,于是思想改造不断。他们不同于 40 年代,可以和工农打成一片,他们是独立的,但却要求具有无产阶级的道德。此时的道德毋宁说是更加抽象的道德。思想改造就是道德改造,但这种改造却是自愿的。在这种情况下,知识分子要么就是歌颂,要么就是忏悔,而没有自己的独立思想和知识分子品格了(即“思想情感方式”)。歌颂文艺走向了样板戏,文艺也就结束了。而忏悔直接导致这代知识分子的逆来顺受、自我牺牲、机械化、单一化、愚昧化。例外来自《组织部新来的年轻人》等作品,可惜很快被打压了下去。道德化的盛行必然导致假道学,在文艺中则是古典主义(民族),但离现代人的心声越来越远。

最晚的一代是“红卫兵”的一代。“红卫兵”一代活跃在 20 世纪 70 年代末以来的新时期。他们经历“文革”,有着“文革”的各种各样的经历。他们的情感还未完全定型,因此,“文革”结束后,他们的精神得到解放。时代似乎又回到了“五四”,却有新的气息,因而“要深刻、深重、绚丽、丰满”。① 李泽厚对朦胧诗评价颇高,认为它是“新时期的第一只春燕”。② 朦胧诗是柔情的,也是愤怒的,前者有舒婷,“舒婷的诗表现当时青年一代真实的苦闷和追求,有诗味。”③后者有北岛,北岛那种愤怒、否定和呐喊就是新时期的“思想情感方式”,它“更顽强、深沉和成熟”。④ 这一时期,先有女性的深沉的心灵

---

①李泽厚著:《中国现代思想史论》,东方出版社 1987 年版,第 255 页。
②李泽厚著:《中国现代思想史论》,东方出版社 1987 年版,第 257 页。
③李泽厚、刘再复著:《告别革命》,天地图书公司(香港)1995 年版,第 298 页。
④李泽厚著:《中国现代思想史论》,东方出版社 1987 年版,第 260 页。

感伤,后有男性的心灵探索,如寻根文学等。而此后更为年轻的一代崛起了,他们没有参加过“文革”。刘索拉的《你别无选择》,是“真正的中国现代派的文学作品”。[①] 人生的一切都变得荒诞异常了。但是,李泽厚坚持认为,现实生活的真实价值,不是一味的批判,而是批判的建设。

六代知识分子的心路历程是坎坷的,从文艺本身来说,究竟选择艺术(审美)本身,还是选择思想(人生)本身,是一个大问题。前者可以让文艺真正不朽(经典),后者却时常粗糙。当然,结合在一起是最好的,但也是最难的,这需要艺术家发挥自己的主体性。总体而言,从个人角度来说,李泽厚更倾向于对现实的思想关注,因为现实主义“容易看,又并不失其深刻”。[②]

二、现代文论家片语:王国维与梁启超

在《中国近代思想史论》中,李泽厚简论了王国维和梁启超,涉及他们的美学与文论。

王国维是公认的现代美学的开端。但是在20世纪70年代之前,王国维是受批判的。李泽厚认为王国维是“应该肯定的”,“其主要方面是积极的”,而“这一点解放后的大量文章却几乎从未如此谈过”。[③] 可以说,这是新时期对王国维的最早肯定,尽管主要着眼于历史学。李泽厚认为,王国维的《人间词话》是“闪烁着光华的中国近代屈指可数的美学著作”。[④] 其原因在于王国维受到西方文化的熏陶。李泽厚的论断是极简略的,但方向是准确的。李泽厚对王

①李泽厚著:《中国现代思想史论》,东方出版社1987年版,第261—262页。
② 李泽厚著:《中国现代思想史论》,东方出版社1987年版,第264页。
③李泽厚著:《中国近代思想史论》,人民出版社1979年版,第422页。
④李泽厚著:《中国近代思想史论》,人民出版社1979年版,第437页。

国维更细致的论述是在10年后的《华夏美学》中。

梁启超是与王国维相当的人物，梁启超是启蒙宣传家，在文艺领域，他是“在中国近代最早高度评价和极力提倡小说创作的人”。[①] 尽管梁启超的理论是肤浅的，但李泽厚认为这是“为人生而艺术的理论”。[②] 在政治观念上，梁启超的改良派是落后于革命派的，但革命派主要发生在政治领域，在文化、艺术领域远远不及改良派。因此，在启蒙上，改良派却起着更积极的现实作用。

>> 王国维，李泽厚在新时期最早对王国维美学思想做出积极评价

在《中国现代思想史论》中，李泽厚从思想史的角度出发，认为胡适的文学形式革命（白话文）有着巨大功绩，但形式和内容是紧密结合在一起的，并且起主导作用的依然是政治。在这一点上，胡适盛极一时不是因为其形式理论，而恰恰是由于这个时代。陈独秀则强调了与胡适相反的方向，即社会现实。陈独秀把“文学形式的变革创新，与题材内容的变革创新紧紧连在一起”。[③]

---

①李泽厚著：《中国近代思想史论》，人民出版社1979年版，第432页。
②李泽厚著：《中国近代思想史论》，人民出版社1979年版，第433页。
③李泽厚著：《中国现代思想史论》，东方出版社1987年版，第101页。

三、“只有鲁迅是伟大的”

鲁迅是《中国近代思想史论》和《中国现代思想史论》两次评述的历史人物，可见鲁迅在李泽厚心目中是多么重要。

李泽厚对鲁迅有极高评价：“鲁迅是中国近代影响最大、无与伦比的文学家兼思想家”，“他的作品是当之无愧的近代中国的百科全书”，与《红楼梦》并列为百读不厌的散文文学，并认为“只有鲁迅是伟大的”。① 李泽厚没有使用革命家来评价鲁迅，对思想家也不是首要肯定的。

李泽厚对鲁迅思想的发展有独到的说明，他认为鲁迅早年是革命浪漫主义，前期是批判现实主义，后期是马克思主义（1927 年以后）。早年以 1906 年春弃医从文为界限。前期也分为两个阶段，以 1925 年春参加女师大事件为界限，之前是文明批评、社会批评，之后是思想和现实的斗争，由此便转入了马克思主义。这几个阶段的分期是有事实根据的。鲁迅一生所追求的就是启蒙，就是“改良人生”、改造“国民性”。在鲁迅那里，“国民性”问题由开始的普通人，转向了对知识分子人格、心灵的剖析。

李泽厚对鲁迅的研究最有意义的是在《中国现代思想史论》中，从形而上学的角度解读鲁迅。对鲁迅的评价也有所侧重，从《中国近代思想史论》的“伟大”到《中国现代思想史论》的“深刻”。“在中国近代思想史上，只有他才是真正深刻的”，“他在发掘古典传统和现代心灵的惊人深度上，几乎前无古人，后少来者。”②

---

①李泽厚著：《中国近代思想史论》，人民出版社 1979 年版，第 479 页。
②李泽厚著：《中国现代思想史论》，东方出版社 1987 年版，第 111 页。

>> 从少年开始,李泽厚就对鲁迅心怀敬仰

鲁迅的魅力在于,“一贯具有的孤独和悲凉所展示的现代内涵和人生意义”。① 鲁迅的孤独感并不是李泽厚首先说的,但李泽厚强调的不是从社会历史内容着眼,而是从人生角度着眼,即“对整个人生荒谬的形上感受”。尼采宣布“上帝死了”之后,荒谬感是西方现代的主要感受。鲁迅作品多次描写这种孤独、死亡、荒谬,但鲁迅没有走向虚无,而是向死亡突进,是向死而生。这就使得鲁迅的孤独具有形而上的意味。李泽厚认为,鲁迅的孤独有

①李泽厚著:《中国现代思想史论》,东方出版社 1987 年版,第 112 页。

两方面，一是形上哲理方面，二是社会现实斗争方面。这两方面是紧密结合在一起的，前者的个体性和后者的社会性的融合，使得鲁迅的思想深刻而独立。因此，鲁迅既是启蒙者，又超越启蒙，这个超越启蒙就是"对人生意义的超越寻求"。①

鲁迅是思想者，也是战士，他的思想是同反抗现实社会的种种压迫无法分离的。鲁迅的反抗不是抽象的反抗，而有着深沉丰富的社会现实内容。因此，鲁迅的心灵是向人世开放的，"把温暖和爱恋仍然留给了人间"。② 鲁迅具有着中国传统中的"知其不可为而为之"的精神，同时又具有着现代人的形上本体之思。因此，鲁迅那"孤独、悲凉的人生境界"就是"超越和伟大的"。③

四、对政治、理论与文艺关系的思考

李泽厚对20世纪文艺的回望主要集中在政治与文艺的关系上，中介则是文学理论，这在与刘再复的对谈《告别革命》中表现得最为明显。刘再复是李泽厚思想的盟友，也是李泽厚不多的几位挚友之一。李泽厚曾在香港说过：我没有什么朋友，但有一个刘再复就够了。

20世纪的文化，政治性无疑是首要的，但是文艺也有其相对独立性。关于政治和创作之间的关系，李泽厚认为二者是分离的，甚至是无关的。④ 文艺则是多元的、模糊的、不确定的。这种政治与艺术的二元化，看似极端，其

①李泽厚著：《中国现代思想史论》，东方出版社1987年版，第116页。
②李泽厚著：《中国现代思想史论》，东方出版社1987年版，第119页。
③李泽厚著：《中国现代思想史论》，东方出版社1987年版，第121页。
④李泽厚、刘再复著：《告别革命》，天地图书公司（香港）1995年版，第247页。

实就是对“席勒化”的反对。文学是超越政治的，是因为它超越一时一地，而与“人类的情感本体直接相关”。①

文学家要多读哲学。李泽厚所谓的哲学是人生的哲学，具体到文艺就是美的哲学。李泽厚提出的哲学叩问“人类走向”问题，包括“怎样活着，为什么活着，活着的意义”等。② 文学艺术对这些问题的叩问不但可以激发想象力，而且使其具有形而上的维度，而不是和现实平行。人生问题不是认识论所能解决的，尽管有重要的作用。从根本上说，哲学和文学都是关于人生的。因此，在李泽厚那里，主体性的哲学也必然导向主体性的文学。主体性不同于反映论、认识论的地方在于强调了个体、感性、个性、偶然。

李泽厚认为好的文学在于哲思的内涵，就是《美学四讲》中提出的人生意味层。如果说哲学思索命运，那么文学则表达命运。不过，很多对命运的思考采取的是文学形式。哲学是启悟，结果便是灵感。从这一点上说，文学不在于反映现实，而在于对现实有一种“形而上的思索态度”。③ 因此，从文学的哲学领悟角度看20世纪的中国文学，其不足是明显的。鲁迅的作品，特别是《野草》，恰恰体现了一种形而上的思考。在这一点上，鲁迅超越了启蒙。这种形而上之思恰恰不是启蒙，而是对人生意义的透彻感悟。启蒙只是一个阶段，但不是最终阶段。李泽厚明确说明，作家最好不要扮演启蒙家和救亡家，而最好去将自己的心理和情感推向形而上的世界。

李泽厚将王朔视为大众文学。王朔小说的突出特点是对意义的解构。所谓的大众文学就是对僵化的意识形态的解构。④ 但李泽厚也认识到，新生

①李泽厚、刘再复著：《告别革命》，天地图书公司（香港）1995年版，第255页。
②李泽厚、刘再复著：《告别革命》，天地图书公司（香港）1995年版，第229页。
③李泽厚、刘再复著：《告别革命》，天地图书公司（香港）1995年版，第235页。
④李泽厚、刘再复著：《告别革命》，天地图书公司（香港）1995年版，第240页。

>> 李泽厚与刘再复

作家往往走极端,"反对一切意义,一切价值"。[1] 因此,问题不是欣赏和认可,而是关注解构之后该怎么办,也就是在意义消解之后,人生的意义又如何? 这就要从解构走向建构。"我认为文学的最高价值,文学的永恒性源泉在于它可以帮助人类心灵进行美好的历史性积淀。就是说,成功的文学作品,它总是可以在人类心灵中注入新的美好的东西。这可能看不见,不是像科学那样可以测量、计算,但它确实存在着。"[2]"如果能从'知识/权力'中解脱出来,文学艺术就能帮助人们找到温暖的情感家园,也帮助人们'塑造心

①李泽厚、刘再复著:《告别革命》,天地图书公司(香港)1995 年版,第 240 页。
②李泽厚、刘再复著:《告别革命》,天地图书公司(香港)1995 年版,第 242 页。

灵'，包括激发人们对人生意义、对安身立命、对终极关怀的追求，也包括对梦的追求。"[①]

同文学关注情感本体一样，文学理论的本体也是"情感本体的建构和积淀"，而不是"党性""阶级性"。[②]"文学艺术的价值就在陶冶、锻铸人的心灵世界——这个心灵世界就是情感本体"。[③] 当代文学理论对此重视不够，而是片面强调文学从属于政治，其消极结果就是牺牲了作家的个性和自由。在这种文学理论的影响下，作家们的创作就缺乏了艺术性。

李泽厚认为，不能把文学批评与文学理论抬得过高，也不能理论先行。[④]他认为作家也不是最有批评的资格，作家的任务是形象的展现，而非理论的说明。这里不是不要文学批评和理论，而是要有"艺术感觉"的文学批评和理论。这一点李泽厚在 1956 年就提到，"艺术分析必须从形象出发，从形象所引起的美感出发"，"反对种种从概念、题材、'思想'出发的批评原则"。[⑤]

正是由于对极端政治化的反思和批判，李泽厚才提出了"告别革命"。告别革命不是对现实的妥协，而是意味着精神文明的建设。革命、斗争、破坏不能极端化，尤其在文化—心理结构（"思想情感方式"）方面，更需要个性、自由。正如马克思所说的，人的自由而全面的发展才是目的，革命只是必要的阶段。今天，重新审思 20 世纪文艺的得失，其意义就在于发掘那种对情感本体的重视和关注，这既是着眼于未来的，又是对现实负责的。

---

①李泽厚、刘再复著：《告别革命》，天地图书公司（香港）1995 年版，第 243—244 页。
②李泽厚、刘再复著：《告别革命》，天地图书公司（香港）1995 年版，第 224 页。
③李泽厚、刘再复著：《告别革命》，天地图书公司（香港）1995 年版，第 224 页。
④李泽厚、刘再复著：《告别革命》，天地图书公司（香港）1995 年版，第 227 页。
⑤李泽厚著：《美学论集》，上海文艺出版社 1980 年版，第 49 页。

五、诗人李泽厚

李泽厚除了有哲学、美学、思想史的成就外，在艺术创作上，他也颇富才情。这是因为早年的家庭影响，也因为他自幼对文艺的向往。在前文曾提到，李泽厚在中学时代就写过小说、诗词。青年以后的李泽厚逐渐将精力放在了学术研究上，艺术上的表现并不太突出。但是李泽厚的才情并没有因此而消失，只要读一读他《美的历程》等著作就可以感觉到，这种文字大抵可以当做美文来读，因其散发着历久弥新的诗意。90 年代以后，李泽厚的随笔文字越来越多，虽失之过多，但有些文字读来还是颇为清新的。如他的《蒲公英》，不是单纯的对生命的赞美，而是一种跨越时空的对生命的思考。如《每一个女人都需要生一个孩子》，该文题目非常生活化，但全篇笔墨都是谈哲学，由哲学而女人而人生，可以说李泽厚的确将哲学与人的关系把握得极为自然。

>>1956 年，李泽厚在北戴河，李泽厚曾说“风华虽茂，孤独依然”

在诗歌创作上，目前所见的李泽厚的诗歌比较集中地出现在《李泽厚近年答问录》中。关于自己的诗歌写作，李泽厚有一个说明：“余乏诗才，亦素不专心于此。偶有所作,乃顺口溜之打油,记一时之实遣一己之兴以自娱而已。自知诗格平弱,不足寓目,数十年极少示人。前日小友予沉携去一组并予发表。人生鸿爪,转眼成尘,率性再录数首以纪印痕,均不堪回首忆当年之旧作也。抄毕慨然。二〇〇六年六月于 Boulder。"①对于这组诗歌,杨斌先生曾有专文解读。② 在我看来,在这里,我们将进入一个感性的李泽厚的精神世界,我们可做的,就是去阅读这些诗作,并体会李泽厚在 20 世纪的人生。

虞美人③

绵绵风雨家园泪,
极目江山碎。
晓来烦扰上危楼,④
千里沉云何处放离忧。

凭栏欲向东风恼,
莫笑华年早。
少年心意总殷勤,⑤
望遍山花春意却难寻。⑥

---

①李泽厚著:《李泽厚近年问答录》,天津社会科学院出版社 2006 年版,第 129 页。

②杨斌:《挂帆千里听涛声——李泽厚诗歌释读》,载《东吴学术》2011 年第 4 期,此部分得杨斌先生启发甚多,特此致谢。

③作于 1945 年春,李泽厚时年 15 岁,正上初中,此时抗战尚未结束。

④一作"无言独自依危楼"。

⑤"少年心事总殷勤",原稿为"少年心事总如狂"。

⑥"望遍山花春恋却难寻",原稿为"望遍山花初恋却难忘"。

七律①

浮云翳日洛阳城，化作长蛇海上行。
常州月冷嘲孤客，历下舟横满戍情。
憔悴年华羞旧识，蹉跎疾病恨书生。
旧叶已随流水尽，归来又听读书声。

七律②

——赠同行陈绍丰兄

轻车快马玉门关，万里风尘谈笑间。
夜色苍茫过大漠，云峰邈远看天山。
鸣沙古壁惊殊彩，麦积危崖喜共攀。
今日愿君精取炼，明朝画笔色斑斓。

七律③

半载春欢如白云，十年悲苦竟无痕。
身惊弱客偏多蹇，魂为强思总一囤。

---

①作于1954年冬，李泽厚时年24岁，当时正值毕业分配受阻，留校分配无望，南下上海就业未果，无奈北回暂滞留于北京大学，直到1955年初到中国科学院哲学研究所工作。

②作于1957年夏去敦煌途中。此时李泽厚与所里同事一同去敦煌考察壁画，而当时北京正在进行"反右"，躲过一劫。因不知京城情况，旅程轻松，诗歌亦清新乐观。

③作于1959年冬。该诗记录了当时李泽厚的情感世界，据李泽厚说，年轻时曾单恋过表姐，最终没有结果。

此日已休言科第，他年难卜共晨昏。
贫贱可作牛衣泣，[1]咫尺天涯恨不同。

七绝[2]

三十年华不自知，心怀犹似少年时。
如经百劫天真在，愿乘春风再写诗。

少年时节住此园，今日重来又十年。
荒草遍生春已老，字林何处勒燕然。

别后重来心转迷，依旧清波荡夕晖。
前日少年今早去，且看春色又芳菲。

芳菲桃李满园长，独惜韶华学舍残。
北地十年终若客，心随逝水向江南。

江南春水碧如天，岂有豪情问酒船。
盼得明朝归去也，杜鹃花里觅童年。

---

①“牛衣对泣”，典出班固《汉书》：“初，章（王章）为诸生学长安，独与妻居。章疾病，无被，卧牛衣中，与妻诀，涕泣。其妻呵怒之曰：‘仲卿！京师尊贵在朝廷人谁逾仲卿者？今疾病困厄，不自激昂，乃反涕泣，何鄙也！’”后来多指夫妻共度贫困生活。

②作于1961年春重游北京大学时。1960年冬，李泽厚第二次下放劳动结束回京，周扬点名让李泽厚参加王朝闻主编的《美学概论》编写工作。对李泽厚而言，总算可以进入学术研究了。诗作中的前三首如“再写诗”“勒燕然”“又芳菲”等表现了情感积极向上的学术抱负，后两首如“向江南”“觅童年”等则表现了思乡之情。全组诗的后三首还使用了顶针的修辞手法。

蝶恋花①

绿满长安尘满路，
双燕归来，
不识韶华暮。
柳絮轻狂迎面舞，
回头往事无心绪。

漫道飞花浓似许，
万里烟云，
尽是伤春语。
一夜雷声无驻处，
明朝欲下滂沱雨。

菩萨蛮（二首）②

其　一

濛濛细雨漫天落，

①诗成确切时间不确定，大约是在1972年回京时，此时"文革"正盛。李泽厚说，"双燕"指夫妇从"干校"双双归来；"柳絮轻狂"指姚文元，"文革"前是李泽厚的论战者之一。当年朱光潜曾见此词，直言"牢骚太盛防肠断"。不过，下阕则表现了李泽厚对未来的信心。

②诗成确切时间不确定，大约作于1973年秋。两首诗情感细腻，在个体情感的表达中呈现时代的侧面。

晚来秋意添萧索。
归后又经年，
花期仍渺然。
佳人无可望，
辗转翻惆怅。
心事已成灰，
春风何日吹。

其二

新枝旧树怜依伴，
风尘梦境双召唤。
相见怕猜疑，
相思何悄然。
云天徒渴望，
咫尺偏惆怅。
心意莫曾违，
心魂长日随。

七律①

学书学剑岂无成，卌载青春若梦行。

①作于1974年初，“前岁江南仿异客”指在师范读书时，李泽厚曾经被国民党当局怀疑为“异端”，是红色分子。诗作在时空交错中显示了作者对把握历史的渴望。

前岁江南伤异客，今朝燕北骂儒生。
烟云变幻悲前路，风雪凄迷接帝城。
盼得惊雷天外至，挂帆千里听涛声。

丙辰杂诗①

其　一

瓦釜雷鸣玉剑埋，
八方哀怨究难排。
素衣白马飘风后，
万木无声待雨来。

其　二

忽有凶光动地开，
二十万人同刻醢。
惨凄残酷万古无，
我欲问天谁主宰。

①作于1976年，大抵在“文革”结束前后。其一反映周恩来逝世，其二、其三反映唐山大地震。

其 三

昨夜犹然谈笑闹，
今晨化作血尸尿。
千万春宵瞬息无，
人生哲理谁能道。

无题[①]

噫嘻！
绿树红花，狮城如画；
新知旧友，高谊入云；
别斯近矣，能不依依？

无题[②]

高峰谁与上，
长记秋晴望。
往事岂成空，
万里梦魂中。

相比李泽厚的理性人生，其诗意人生似隐秘不彰，但这种隐秘不彰正预示着人生的另一种面孔，就是这种人生需要你的追寻："在这样一个散文世

①录自《华夏美学》初版（1988 年）序言，表达与新加坡友人的离别之情。
②录自《浮生论学》彩页所附诗歌，时间不详，时 1999 年 8 月 1 日过四川二郎山，或此时所作。

>> 李泽厚夫妇在登山途中

界——尽量去寻找一些栖居的诗意吧，珍惜你的人生和生活”。[1]

①李泽厚:《每一个女人都需要生一个孩子》，载《新周刊》2007 年第 17 期。

第十章　夕阳远景

>>2004 年，李泽厚在书房

在世纪之交，李泽厚这位当年叱咤风云的人物也进入了人生暮年。然而，难能可贵的是，李泽厚却在最近十年间又连续有多部（篇）论著问世：《论语今读》（1998）、《世纪新梦》（1998）、《己卯五说》（1999）、《历史本体论》

(2002)、《实用理性与乐感文化》(2004)、《实践美学短记》(2004)、《实践美学短记之二》(2006)等,集中阐述自己的文化与审美理想。尽管他“离开了

>> 1998 年,李泽厚荣获美国科罗拉多学院人文学荣誉博士学位

美学”，但在世纪之交的一二十年里，美学依然是其重要思想内容，并且形成了其晚期大化风格。

李泽厚并没有因为年老而放弃思考，他依然活跃于国际思想文化舞台。1998 年，他获美国科罗拉多学院人文学荣誉博士学位。

1999 年，李泽厚卸去科罗拉多州立大学教职，不再有繁重的教学压力，经常出现于国内外大学和科研机构，或做各类主题演讲，或进行不同层面的自由随性的对谈、访谈，其人生轨迹与思想意义日益清晰可见。一些文字散见于各大报刊媒体。可以说，伴随着文本的李泽厚，是一个鲜活的李泽厚。也许这位思想老人并无意于复归，而是仅仅想为这个世界提供些思想而已。无论是老骥伏枥的壮志，还是喃喃细语，我认为，李泽厚始终是时代的思考者。

一、美学在儒学文化建构中的位置

李泽厚对儒家传统的关注由来已久，其基本的思想体现在《中国古代思想史论》中。在该书中，李泽厚提出并讨论了一些富有创见的思想，如“实践(用)理论”“理性凝聚”、庄禅思维等。在该书的结尾，李泽厚讨论了所谓的“中国智慧”(中国传统思想)，具体说就是中国的文化心理结构。

所谓智慧，李泽厚解释说，智慧“不只是 Wisdom，intellect；而是指包括它们在内的整体心理结构和精神力量，其中也包括伦理学和美学的方面，例如道德自觉、人生态度、直观才能等等”。[①] 中国智慧的根基是血缘基础，而中国传统思想的自身特性就是“实用理性”。实用理性是“执着人间世道的实

①李泽厚著：《中国古代思想史论》，人民出版社 1985 年版，第 297 页。

用探求”。[①] 实用理性的具体化就是实用文化,即兵、农、医、艺(技艺)。中国的实用理性有唯物论的倾向和历史意识,注重现实性和整体性。中国的实用理性不是抽象思辨(理智科学)的,也不是超越论(宗教神学)的。如果说实用理性侧重的是思维,那么乐感文化则是实用理性人生观念、生活信仰的落实。如果说,西方的文化是罪感文化,那么,中国的文化就是乐感文化。乐感文化是审美的,因为它强调不离现实。审美即感性,乐感文化不是否弃感性的超验宗教。乐感文化总是在现实中得到满足,从现实中得到快乐和意义。乐感文化是“以身心与宇宙自然合一为依归”。[②] 中国所追求的就是不离感性的情理、身心、天人的合一。这就是审美境界(真、善融合)。在这里,感性本体即是情,而不是肉体的自然欲望。乐感文化中的乐是一种天人合一的境界。天人合一在中国历史上有三个阶段,先秦时期的原始天人合一,汉儒的宇宙论(自然本体论)—天人感应,宋明理学的道德形而上学。[③] 但是,在现代,天人合一已经越来越暴露其缺点。这个缺点在于天人合一中的天,其本身的主宰与命定的内容一直存在。这就需要对其加以改造,这个改造就是“自然人化”。[④]

自然人化是李泽厚“儒学四期说”的重要内容,是天人合一的“新义”。儒学四期说就是儒学的现代时期。在李泽厚看来,儒学的每一期都有其主题。第一期儒学是“礼乐论”,第二期儒学是“天人论”,第三期儒学是“心性论”,第四期儒学是“人类学历史本体论”。人类学历史本体论的理论资源包括马克思主义的唯物史观(吃饭哲学)、个体发展论、心理建设论,自由主义

①李泽厚著:《中国古代思想史论》,人民出版社1985年版,第304页。
②李泽厚著:《中国古代思想史论》,人民出版社1985年版,第312页。
③李泽厚著:《中国古代思想史论》,人民出版社1985年版,第319—320页。
④李泽厚著:《中国古代思想史论》,人民出版社1985年版,第320页。

的政治哲学(外王),存在主义和后现代的对个体存在意义的关注(内圣)。[1]这是人类学历史本体论的文化序列定位。儒学第四期的基本范畴是“自然人化、人自然化、积淀、情感、文化心理结构、两种道德、历史与伦理的二律背反等等”。[2] 他将自己的一整套理论视为儒学第四期,其气魄可以想见。

儒学第四期的任务是,“将以工具本体(科技—社会发展的‘外王’)和心理本体(文化—心理结构的‘内圣’)为根本基础,重视个体生存的独特性,阐释自由直观(‘以美启真’)、自由意志(‘以美储善’)和自由享受(实现个体自然潜能),重新建构‘内圣外王之道’,以充满情感的‘天地国亲师’的宗教性道德,范导(而不规定)自由主义理性原则的社会性道德,来承续中国‘实用理性’‘乐感文化’‘一个世界’‘度的艺术’的悠长传统”。[3] 这已经不是在专门讨论美学问题了,美学已经成为李泽厚文化建构的重要组成部分。

在我看来,李泽厚绝非单纯美学的理论家,更是美学的哲学家和美学的文化家。美学不是独立于其哲学体系和文化建构之外的,而是融入其中的,这是李泽厚美学思想发展的必然结果。因而,李泽厚美学思想日益显示出独特的思想价值。[4]

二、天人合一:人与自然的互化

“自然人化”与“人自然化”都是“‘儒学四期’说的天人新义,即对作为传统儒学以至整个中华文化核心命题的‘天人合一’所作的一种新的解

①李泽厚著:《己卯五说》,中国电影出版社1999年版,第20—28页。
②李泽厚著:《己卯五说》,中国电影出版社1999年版,第30页。
③李泽厚著:《己卯五说》,中国电影出版社1999年版,第30—31页。
④彭富春:《中国当代思想的困境与出路》,载《文艺争鸣》2011年第3期。

释”。[1] 显然这已不同于早期对二者的阐释，而加入了传统文化的因素。“天人合一”在 1985 年的《中国古代思想史论》中已有说明，在《己卯五说》中，“天人合一”的现实意义更加明显，即天人冲突（生态破坏）、身心冲突（感性的异化、理性的异化）等。天人合一不是对古代思想的复制，而是有当代的阐释，这就是“自然人化”和“人自然化”。

自然人化和人自然化是李泽厚的重要命题，从内容上说并无新意，关键是如何去表述。与之前的区别是，这里的表述增加了所谓的硬件、软件。自然人化分为内在外在两个方面，外在分硬件和软件，硬件即外在自然环境的改造，软件即外在自然与人的关系发生了重要变化。内在也分硬件、软件，硬件即人自身的自然（身体器官、遗传基因等），软件即“人类所具有的内在心理状态”，也就是“文化—心理结构”。[2] 内在自然人化的核心是伦理学。

人自然化是以美学为重心的。人自然化也分硬件和软件，硬件即人的外在自然化，“要求人回到自然所赋予人的多样性中去，使人从为生存而制造出来的无所不在的权力—机器世界（科技机器、社会机器和作为二者现代结合的语言信息机器）中挣脱和解放出来，以取得诗意生存，取得非概念所能规范的对生存的自由享受，在广泛的情感联系和交流中，创造性地实现人各不同的潜在的才智、能力、性格”。[3]

人自然化的软件就是美学“问题”，指的是“本已的‘人化’‘社会化’了的人的心理、精神又返回到自然去，以构成人类文化心理结构中的自由享受”。[4] 如果将自然人化推向极端则是危险的，因为不能保证自然人化的结

①李泽厚著：《己卯五说》，中国电影出版社 1999 年版，第 130 页。
②李泽厚著：《己卯五说》，中国电影出版社 1999 年版，第 141 页。
③李泽厚著：《己卯五说》，中国电影出版社 1999 年版，第 159 页。
④李泽厚著：《己卯五说》，中国电影出版社 1999 年版，第 160 页。

>>2010 年，王岳川在李泽厚美国家中

果是最好的。从自然人化到人的自然化是螺旋上升的，比前一个阶段要高的。（内在）自然人化中的软件是人的心理（认识、伦理、情感），而人自然化的软件是将已经人化的心理再返回到自然，即所谓的“七情（喜怒哀惧爱恶欲）正”“天人乐”（如“悦志悦神”）。从自然人化、人自然化的螺旋上升的结构可以看出，自然既是出发点，也是归宿。人不是归宿，人来自自然，只有自然的天地才可以安顿自我。

三、“以真启美”与“以美储善”

“以美启真”“以美储善”是非常独特的两个命题，在 1985 年李泽厚就提出来了。在2002年的《历史本体论》中,李泽厚又做了新的补充和说明。

以美启真是"认知对偶然性的开放"。[①] 所谓偶然性也就是后现代的反本质主义(反理性主义)。对理性决定论的反对就意味着对自由的提倡。在理性主义者看来,自由是对必然的认识和实践,强调的是必然性。对经验主义者而言,自由是一种非理性认识的行动现实性,强调的是偶然性。必然性与偶然性的相互补充就是"以美启真",也就是李泽厚1985年提出的"自由直观"。李泽厚认可达尔文的看法,认为人类社会的关键在于个体偶发性,是"个体的自发变异开放着进化的必然"。[②] 因此,"个体所具有的意识(包括无意识)的这种偶然性和自发性,正是包含情感、想象在内的合理性,而与审美相通"。在思维形态上,它"表现为灵感、顿悟种种形态"。所谓的"以美启真"也"正是这种领悟、感受、体验和把握"。"以美启真"不是理性的认知,它不是普遍性的认识。因此,"以美启真"成为个体独特性的开发,也就是对人的自发性、偶然性的开放,这就是自由。[③]

"以美储善"就是天地境界,孔颜乐处。这种境界是"超自然、超经验的人生态度和个体品格"。[④] "储善"不是简单的善,而是乐,是充满情感的。安顿自我是人类终极问题。安顿自我就是安顿自我的情感(生死、意义、处境、虚无、悲情),这个安顿不能在认识论(科学主义),因为那里正是去排开情感,也不能在伦理学(道德主义),因为那里要求的是责任和义务,那么,"只有在审美中,理性无拘无束,感性也无拘无束,二者随意交融,不断积累,从而不断丰富人的心灵——'情'(情感、情况)"。[⑤] 宗教不可能安顿,它过于

---

①李泽厚著:《历史本体论》,三联书店2002年版,第40页。

②李泽厚著:《历史本体论》,三联书店2002年版,第42页。

③李泽厚著:《历史本体论》,三联书店2002年版,第42—43页。

④李泽厚著:《历史本体论》,三联书店2002年版,第104页。

⑤李泽厚著:《历史本体论》,三联书店2002年版,第107页。

抽象和超验。身心的巨大痛苦只能由情本体来解决，“在这里，世俗可神圣，亲爱在人间”。[①]

在2006年的《实践美学短记之二》中，李泽厚对“以美启真”“以美储善”做了进一步具体的说明，“所谓‘以美启真’，即在审美双螺旋结构中由自由想象的审美感受可以导致科技认识的发现和发明。所谓‘以美储善’，是由审美感受导致情本体和物自体的信仰和追求，人由是于生死无所住心无所烦畏而‘立命’。”[②]“以美启真”“以美储善”都是审美境界，都是“以对生活、自然、艺术的自由享受，使个体从集体、从理性、从各种约束中解放出来”。在这里，“命运偶然性、个体特异性、人的有限性、过失性和对他们的超越”得到充分展开，而这也就是历史本体论的“归宿”，[③]这也是人安身立命之基。

四、乐感文化与情本体

在1985年的《关于主体性的第三个提纲》中，李泽厚提出“情感本体”。[④]这一观念在《华夏美学》中得到系统的阐发。后来“情感本体”简化为“情本体”。[⑤] 这一简化又使内涵增加了，情可以是情感、情欲、情况等。

情本体（心理本体）是与工具本体相辅相成的。[⑥] 本体（本体论）的广泛

①李泽厚著：《历史本体论》，三联书店2002年版，第107页。

②李泽厚：《实践美学短记之二》，见《华夏美学·美学四讲》增订版，三联书店2008年版。

③李泽厚著：《历史本体论》，三联书店2002年版，第132页。

④李泽厚著：《实用理性与乐感文化》，三联书店2005年版，第236页。

⑤李泽厚：《哲学探寻录》(1994)，见《实用理性与乐感文化》，三联书店2005年版，第188页。

⑥朱立元先生认为李泽厚的本体论是二元论的，情本体不应成为“最后的实在”。我认为李泽厚提出的情本体意在强化情在人类社会结构中的作用，亦有其迫切的现实意义。朱立元《试析李泽厚实践美学的“两个本体”论》，见《李泽厚思想评析》，上海译文出版社2012年版。

使用是在《批判哲学的批判》中,在该书中李泽厚提出了“人类学本体论”。[1]他当时还没有使用工具本体和心理本体。人类学本体论也称为“人类学历史本体论”,在专门讨论这一概念的时候,李泽厚将其简化为“历史本体论”,去掉了“人类学”。李泽厚说:“‘历史本体论’提出了两个本体,前一本体(工具本体)承续 Marx,后一本体(心理本体)承续 Heidegger。”[2]当然,李泽厚对他们的思想也做了发展。后者就是“乐感文化”。心理成为本体的确与海德格尔关系密切。海德格尔是公认的存在主义大师。在《存在与时间》中,海德格尔分析了人的心理状态(烦、畏),但这绝非心理学,而具有本体意味。由此可看出,海德格尔对李泽厚的特殊意义。1985 年,李泽厚将海德格尔与马克思、弗洛伊德并列,认为马克思、弗洛伊德和海德格尔分别提出了“人的三大基本问题:生、性、死”。并说:“心理本体的人性建构与它们直接相关。”[3]

情本体在乐感文化中的地位非同一般,李泽厚明确说“情本体是乐感文化的核心”。[4]“乐感文化以情为体,是强调人的感性生命、生活、生存,从而人的自然情欲不可毁弃、不应贬低。”[5]之所以为本体,就是指情是“人生的真谛、存在的真实、最后的意义”。[6]而美学就是对情本体的探究。[7]这里当然不能说情本体就是美学,只能说李泽厚的美学绝非提供一套美学理论,而是在建构心理本体上具有着重要的作用。李泽厚的美学既是实践美学,又是

---

①李泽厚著:《批判哲学的批判》,人民出版社 1979 年版,第 208 页。
②李泽厚著:《历史本体论》,三联书店 2002 年版,第 91 页。
③李泽厚:《第三提纲》(1985),见《实用理性与乐感文化》,三联书店 2005 年版,第 236 页。
④李泽厚著:《实用理性与乐感文化》,三联书店 2005 年版,第 55 页。
⑤李泽厚著:《实用理性与乐感文化》,三联书店 2005 年版,第 79 页。
⑥李泽厚:《哲学探寻录》(1994),见《实用理性与乐感文化》,三联书店 2005 年版,第 188 页。
⑦李泽厚著:《实用理性与乐感文化》,三联书店 2005 年版,第 115 页。

美学实践(仅就其作用而言)。

情本体是心理本体的三个维度之一,即理智(真)、伦理(善)与情感(美)。在三者中,李泽厚更倾向于情,也就是从心理本体走向了情本体,“以‘情’为人生的最终实在、根本”。[①] 但情本体可以作为哲学吗?从哲学史上而言,理性或德性一直是被作为本体的,而情始终未被重视,也没有被视为本体。结论也就很清楚了,即情在中(先秦以降)西哲学史上几乎是没有地位的。

>>2006 年夏,李泽厚与学生赵士林

①李泽厚著:《实用理性与乐感文化》,三联书店 2005 年版,第 55 页。

历史上出现的各种道德本体实际上都有着情感的基础,它们“仍然需要某种情感信仰来支持”。[①] 于是,情本体的提出便有了历史的根据。李泽厚论述了情本体的两个方向,一是伦理—宗教走向,二是伦理—政治走向,即“儒法互用”。前者不是宗教(超验性、主宰性),而是指有伦理—宗教的功能。

后来,李泽厚又将“情本体”的基本范畴确定为“珍惜”。珍惜就是因为对生命有限的惆怅。所谓珍惜,就是“珍惜此短暂偶在的生命、事件和与此相关的一切,这才有诗意地栖居或栖居的诗意”。这种珍惜当然不是宗教意义上的,宗教追求的是无限,是来世的超脱和永恒。现世恰恰不需要珍惜,而只有承受痛苦并摒弃尘世。但情本体却从对个体有限偶在的珍惜中“寻觅到那‘时间性’的永恒或不朽”。[②]

情本体不单是美学问题,更是伦理学、哲学问题,这是李泽厚一直强调的。情本体在李泽厚那里具有重要的作用,他将情本体进一步落实为“情理”“情—礼—理—情”结构,更富有阐释力,同时,鉴于情本体的重要性,它也是中国文化世界性内涵的一种体现,具有积极的意义。[③]

五、美学:作为第一与未来哲学

在《实用理性与乐感文化》中,李泽厚将美学视为“第一哲学”,但却是在未来五十年以后,今日的“第一哲学”是政治哲学。将美学作为第一哲学是情本体的内在逻辑,“是因为审美既是人性能力的最初萌芽,却又可以是不

---

①李泽厚著:《实用理性与乐感文化》,三联书店2005年版,第73页。

②李泽厚:《实践美学短记之二》,见《华夏美学·美学四讲》增订版,三联书店2008年版。

③李泽厚、刘悦笛:《“情本体”是世界的》,载《探索与争鸣》2014年第4期。另参李泽厚著:《李泽厚对话集·二十一世纪(二)》,中华书局2014年版。李泽厚著:《回应桑德尔及其他》,三联书店2014年版。

断发展成长的最高成果,它是人性中最为贯串而又最为开放的部分。它之所以开放,正是由于非确定概念所能规范、非理性目的所能主宰,而是充满了各项心理要素相交织、渗透、融合、冲突,以不确定性、无规范性为特征,从而开辟了多样可能的缘故。"①

第一哲学的美学就是"将人的感性生命推到顶峰"。② 第一哲学的美学"不是认识、不是道德、不是心、性、理、气、道,不是上帝、灵魂、物质、绝对、精神,而是多元且开放的情感,才是生命的道路、生活的真理、人生的意义。"③在经过这么多排除、悬隔之后,情本体的主题也就更加明确了。情本体中的情不是绝对化的情,而是多元的,因历史、文化、社会、个体等的不同而不同。情本体通过"'以美启真''以美储善'和'审美优于理知'来实现个体生命的潜能和力量"。④

情本体与宇宙的"物自体"相关。物自体是形而上学的。设定"物自体"使"以美启真""以美储善"成为可能。这个设定就是,"宇宙—自然与人有物质性的协同共在"。⑤ 正是因为这一设定,感性的来源便确定了。"人的感性操作、知性认知和审美感受或领悟,都是以人自己的行为和心理对宇宙所作的把握、了解和解释,并把两者作为主客体区别开来"。⑥ 在这里,人与宇宙—自然是不可分割的,二者在逻辑上不是谁先谁后的关系,而是在本体上具有一体性、一致性的关系。物自体不是导向道德的神学,如康德,也不是各种人格神,它始终是导向人类实践的。"以美启真"注重的是规律性,"以

---

①李泽厚:《实践美学短记之二》,见《华夏美学·美学四讲》增订版,三联书店 2008 年版。
②李泽厚著:《实用理性与乐感文化》,三联书店 2005 年版,第 108 页。
③李泽厚著:《实用理性与乐感文化》,三联书店 2005 年版,第 108 页。
④李泽厚著:《实用理性与乐感文化》,三联书店 2005 年版,第 108 页。
⑤李泽厚著:《实用理性与乐感文化》,三联书店 2005 年版,第 54 页。
⑥李泽厚著:《实用理性与乐感文化》,三联书店 2005 年版,第 54 页。

美储善”注重的是存在(本体)性。规律性是可以讨论的,但存在(本体)性却是个谜。[①] 李泽厚最终认可的是康德的不可知论。正是这个不可知,存在才是神秘和充满魅力的。尽管李泽厚也欣赏前者。[②] 物自体就是那奥秘多端、无限存在的宇宙本身,也是“人和宇(空)宙(时)的物质性协同共在”。[③] 而“一切人生感喟、精神追求、心魂认定”,也就都是对某种“物自体”的超越感受。[④] 这其实就是李泽厚所探讨的人生的命运问题。

李泽厚在1989年的《哲学答问》中,将哲学的任务归结为研究命运:人如何活?为什么活?活得怎样?在其“第六提纲”(《哲学探寻录》,1994)中具体分为:人活着(出发点)、如何活(人类主体性)、为什么活(个人主体性)、活得怎样(生活境界和人生归宿)。活得怎样是美学(审美)问题。如何活的“理性的内化”,给人的是认识;为什么活的“理性凝聚”,给人的是行动意志;而活得怎样的“理性融化”给人的是生存状态。理性的内化、凝聚还是“理性对个体、感性、偶然的规划、管辖、控制和支配”,而在理性的融化的审美境界里,“理性才真正渗透、融合、化解(却又未消失)在人的各种感情欲望中,这就叫理性的积淀或融化”。[⑤] 并且,前二者是集体的、可说的,而后者是个体的、不可说的,因为它属于诗。

六、实践美学与审美理想

近年李泽厚对实践美学进行了自我的学术描述和清理。在2004年一次

---

①李泽厚著:《实用理性与乐感文化》,三联书店2005年版,第112页。
②李泽厚著:《实用理性与乐感文化》,三联书店2005年版,第113页。
③李泽厚著:《实用理性与乐感文化》,三联书店2005年版,第113页。
④李泽厚著:《实用理性与乐感文化》,三联书店2005年版,第114页。
⑤李泽厚著:《实用理性与乐感文化》,三联书店2005年版,第186页。

关于实践美学的讨论会上，他接受实践美学一词，但表示实践美学还没有开始，要去做起来，也就是用实践美学的观点去研究美学（审美）问题。①

李泽厚对实践美学有两个描述，一个是“从哲学上说，乃人类学历史本体论（亦称主体性实践哲学）的美学部分，它以外在—内在的自然的人化说为根本理论基础，认为美的根源、本质或前提在于外在自然（人的自然环境）与人的生存关系的历史性的改变；美感的根源在于内在自然（人的躯体、感官、情欲和整个心理）的人化，即社会性向生理性（自然性）的渗透、交融、合一，此即积淀说”。② 另一是从学科上说，“以‘美感二重性’、新感性或审美心理的‘数学方程式’或 DNA‘双螺旋’为中心的展开。”第一个描述是哲学美学，第二个描述是美感或审美心理学。实际上，在我看来，实践美学还应有第三个描述，就是艺术，通过艺术分析进一步呈现实践美学的审美心理学，或者通过这种审美学心理学来创作文艺。艺术不仅仅是审美的，艺术还具有安顿人生的意义。在此意义上，艺术似乎要超越于美学，但却在哲学之内，或者可称为艺术哲学。正是这种人生意义使得艺术不断“发展延伸着人的美感双螺旋或方程式”。③

实践美学的内在逻辑的展开必然是对科技工艺美学（环境美、实用美学、生活美学、审美文化）的重视，这就是《美学四讲》中的“工具本体的诗意”。在艺术终结之声甚嚣尘上之时，实践美学清醒地认识到艺术自身形式化、装饰化、娱乐化的危险，但不是通过艺术拯救艺术，而是通过生活扩大美学的范围，提升艺术的境界。今天的日常生活中的美学现象正是实践美学的研究对象，“研究日常生活中的审美现象、情况和如何可能展开个性的各

---

①李泽厚：《实践美学发言摘要》，见《李泽厚近年答问录》，天津社会科学出版社 2006 年版，第 35 页。
②李泽厚：《实践美学短记》，见《李泽厚近年答问录》，天津社会科学出版社 2006 年版，第 55 页。
③李泽厚：《实践美学短记》，见《李泽厚近年答问录》，天津社会科学出版社 2006 年版，第 57 页。

种创造性、偶然性和自由愉快，包括处理现代科技所产生的现代时空感、速度感和不确定感，将是人类进入小康生活后的重要美学课题，这课题关系于人（个体）的潜能发展和开展。"①尽管实践美学也强调日常生活审美，但与所谓的日常生活的审美化完全不同，它有着哲学的根基，以个体潜能发展为重心，注重人生在日常生活中的安顿，而不是简单的消费和享受。

>>2010 年 6 月 14 日，《南方人物周刊》第 20 期以李泽厚为封面人物

在此意义上，艺术也就找到了终结之后的生命之筏。艺术的泛化乃是基于"度"本身。度，中庸之道也。在度的基础上，一切皆可称为艺术，只是艺术侧重的是形象世界的度。在这个度或者度的本体论基础之上的仍然是人生意义。在商品化、市场化、娱乐化的"散文世界的生活无聊"中，保存理想和热情。这个理想和热情是人的自然人化，它是面向个体和未来的。这就是暮年李泽厚的艺术审美远景——"执着人间""回归天地"，由"以美启真""以美储善"到"以美立命"。② 这不仅回应了 20 世

①李泽厚：《实践美学短记》，见《李泽厚近年答问录》，天津社会科学出版社 2006 年版，第 59 页。
②李泽厚：《实践美学短记之二》，见《华夏美学 美学四讲》增订版，三联书店 2008 年版。

纪初蔡元培的“美育代宗教”,又是对中国“天人合一”文化精神的现代阐扬。

然而,如果读者认为李泽厚满足于美学家的话,那就大错特错了。在2010年,李泽厚就不无吊诡地说:“……美学家是不成立的,我最讨厌别人叫我美学家。”“我现在是静悄悄地活着,也准备静悄悄地死掉。我不会有墓志铭。”一切哲思无不指向人生,或许美学的终结才意味着人生的真正开始。

结语　思想的效应

李泽厚从1955年开始的半个多世纪的美学之思到这里已经接近尾声。新世纪以来，李泽厚不断问世的著述讲谈，多数是对以前思想的阐述、说明，那种摧枯拉朽、别立新宗的气魄已经远去。那么，作为思想的后果，李泽厚的美学成就究竟具有什么样的效应和启示呢？

赞誉是不缺乏的。李泽厚的思想盟友刘再复认为："在蔡元培一九二三年作了这一估计之后的后五十年，中国仍然缺乏独创性的美学。但是，在七十年代末期之后，这一情况有很大的改变，而改变这一状态的最杰出的贡献者，就是李泽厚。"①并称李泽厚是"中国现代美学的第一小提琴手"。② 李泽厚的弟子赵士林在全面评析李泽厚所处的文化背景和思想个性后说："可以毫不夸张地说，从二十一世纪初算起三十年内，从新时期（二十世纪七十

①刘再复：《李泽厚与中国现代美的历程》，见《告别革命》，天地图书馆（香港）1995年版，第267页。

②刘再复著：《李泽厚美学概论》，三联书店2009年版，自序。第一小提琴手担任管弦乐主旋律的演奏，相当于主唱，位置极为重要。

年代末八十年代初)算起则五十年内,都没有、也不会有[1]和李泽厚同量级的思想家出现,更不要说美学家了。”2011 年 9 月 3 日,一场名为“80 年代中国思想的创造性:以李泽厚哲学为例”的国际研讨会在北京大学高等人文研究院召开,众多专家学者围绕“李泽厚与 80 年代”议题展开讨论,其中有学者说:“我们回顾这几十年,我们现在能举出来的就是李泽厚,这样一个全局性影响的就这一个人,这是什么原因? 我觉得非常值得我们思考。”[2]这些评价和看法并非没有事实依据,李泽厚已经成为中国当代美学史上的标志性人物了。李泽厚的确有不可超越的地方,青年英姿勃发,中年锤炼,晚年情思,这属于李泽厚本人,属于他的时代。超越人是容易的,超越时代却是困难的。李泽厚的高度似乎预示着中国现代美学的难度,要做的也许不仅是超越李泽厚,而更是个体基于历史并超越历史的创化提升。

以上看法,还未涉及李泽厚思想历程的发展。事实上,20 世纪 90 年代之后的李泽厚已经基本上在当代中国美学史上谢幕了。这还不是有人说的天才枯竭,“李泽厚的败迹”,早在《华夏美学》中便“已有征兆,已见端倪”,

---

①赵士林:《李泽厚美学思想的文化背景与当代价值》,载《华文文学》2010 年第 5 期。

②王艳:《李泽厚与 80 年代》,载《科学时报》2011 - 09 - 09 B3 大学。

“《华夏美学》一书却灵气全无”。[①] 在我看来,李泽厚的美学命运在于他的哲学体系及其美学在哲学体系的重要地位所决定的。哲学在建立体系之后,也就只能进行补充、完善、修改。由于哲学思维的惯性,李泽厚不可能关注更为具体的艺术、审美问题。从风格上说,李泽厚的美学是高屋建瓴的,但却是结构化(纲要式)的。结构化未必是坏事,而是有着不断可以补充、延伸的空间。李泽厚也的确提出了很多有益的看法,但这些看法却没有具体的研究和落实。这正是因为哲学体系的定型化和内部的结构化,使得自我超越愈加困难。

对李泽厚的超越是由李泽厚的批评者开始的。李泽厚早已深陷保守主义、自由主义的漩涡之中,双方都认为李泽厚不彻底。不过,李泽厚也不可能是彻底的,他对康德、马克思、自由主义、后现代、儒学等均是取其精华,相互阐发,材料资源虽不断增加,但观点并无新意,用他的话说就是“固执”。李泽厚自己的确是可以自立一派的,这个派暂可称为“体用派”。“用”是李泽厚的思想(实际、现实),“体”是各类思想资源。一切“体”都在经由“用”而发生转化,这也类似李泽厚的“西体中用”。但“体用派”不是实用主义,而是“度”的艺术。

最早的一批批评者有刘晓波、刘小枫等人。作为彻底的反传统者,刘晓波当然是不满意李泽厚的。在其《与李泽厚对话——感性、个人、我的选择》中,刘晓波一口气说了李泽厚六个“缺少”[②]。“缺少”的程度可能每个人的看法不一样,但至少表明有。但是,刘晓波的这种极端化(彻底、否定)的评论,李泽厚则将其视为“情绪化”的表现。虽然刘晓波的批评曾轰动一时(尽

①易中天:《盘点李泽厚》,见《书生意气》,云南人民出版社 2001 年版。
②刘晓波:《与李泽厚对话——感性、个人、我的选择》,载《中国》1986 年第 10 期。

管有一些合理之处），在破除偶像、神话上可能有影响，但很难从学理上撼动李泽厚的思想地位，并且也遭致反批评。其实，李泽厚对感性、个体一直很重视，尤其到了后期，但他是绝对不会放弃理性的，李泽厚对后现代的看法即是如此。挑战者还有刘小枫。刘小枫在《拯救与逍遥》中认为，道家是否定一切价值的，包括审美价值，也即是说，引向生物世界并非就是审美。① 同是刘小枫，在其早期著作《诗化哲学》（山东文艺出版社，1986年）中，将庄子视为浪漫主义精神，庄子所走的并非生物性世界，而是人的精神自由世界。李泽厚也是通过引用这一点来回应刘小枫的。② 这样来看，刘小枫对道家的批判可以视为其思想的自我批判和超越。刘小枫后来走向基督教神学，自然不会认可审美的终极价值了，尽管它可能很重要。

20世纪90年代以后，“李泽厚实践美学已经过时”的论调开始出现，这主要基于美学在90年代特殊的思想文化背景及某种学科反思和新变的努力。一个不容回避的事实是，90年代以后的李泽厚美学思想已不属于严格意义上的美学了，从某种意义上说，李泽厚美学思想更多地属于思想史。思想史的时代性或历史性无疑是首位的，但是到了90年代，在日益规范的学科创新和多元文化思潮蓬勃发展的趋势下，实践美学的发展遭遇到更多的挑战，创新和突破也更为艰难。

批评还有很多，如针对晚年李泽厚过于随意的文字提出的批评，认为其晚年文字过于琐碎拖沓，缺乏更多的真知灼见，深度不够等等。这些批评有合理之处，但似不必过于强求，毕竟历史是在不断前行的。就总体评价而言，无论是批评或是肯定，有一点是可以确定的，就是李泽厚美学是不可忽

---

①刘小枫著：《拯救与逍遥》，上海人民出版社1988年版，第241页。

②李泽厚著：《华夏美学》，中外文化出版公司1989年版，第106—107页。

>> 李泽厚的告别——被称为李泽厚“封笔之作”的《哲学纲要》(2011 年)

略的,它已经成为当代中国美学创新和超越的起点,因而它绝不是终点。除此之外,李泽厚在晚年针对当前文化危机,提出了“东方和中国的传统”对未来人类精神文化建设能否“作出贡献”的问题。① 他的“儒学第四期”“情本体”等思想就是在积极尝试将中国传统文化运用在这一建设上。这些是难能可贵的,也是具有重大的思想启示意义的。

李泽厚的美学思想所具有的价值,有的是历史性,随着时间的迁移,会逐渐减弱,而有些是超历史性的,随着时间的迁移会不断散发其魅力。二者并无绝对的高下之分,其共同性在于,都必须以特有的心力做投入历史并穿透历史的努力。人们所铭记的并非历史人物,而是历史本身。只要李泽厚还在做历史的思考,人们就有理由期待李泽厚有更新更好的思想,这不仅是历史所赋予的,也是李泽厚自身所选择的,是内在性的宿命,而非

①李泽厚:《世纪新梦》(1992),见《世纪新梦》,安徽文艺出版社 1998 年版。

某种外在性的使命。

纵观李泽厚一生的美学思想，其特征与启示大致有四个方面。

首先是宏观的大历史、跨学科、跨文化的视野。这是由哲学(思想)本身的性质所决定的。李泽厚美学、思想史都纵贯古今，气魄宏大，其思想资源囊括中国传统(儒学)、马克思主义(唯物论)、康德哲学(主体性)、自由主义(政治哲学)、存在主义(个体性)、后现代主义(偶然性)，可谓古今中西兼有。在学科领域上，广涉社会学、政治学、经济学、历史学、考古学、人类学、哲学、心理学、宗教学、伦理学、美学、文艺学、文化学、艺术史、科学理论等等，从广度上似乎也很少有人能超越。这些思想、学科、理论在李泽厚那里往往是相互交错、阐发、勾连、引证。这样一个包罗万象的哲学—思想—文化—美学体系恐怕真是时代的绝响了。当然，因为大，其缺点也就很明显，即阐释不具体、集中、细致、深入，给人以空泛、杂糅之感。其框架、体系庞大，论题繁杂，过于综合化、二元化，且对很多问题都运用同一套理论，实显牵强。

其二，地基坚实，主线分明。大是优点，但去除其缺点之后，我们仍能发现，李泽厚的思想基点是清楚的，这就是他的“自然人化”理论(主体性实践哲学)。这是其理论的核心。尽管这一核心并不是李泽厚的原创，但可以视为他具有原创性的转化和阐释。李泽厚对马克思哲学造诣深刻，理解独到，他紧紧抓住马克思的唯物论，由此引申开去，创立自己的哲学—美学体系，这一点是富有启发意义的。李泽厚的杂之所以没有完全成为缺点，就在于其基架的坚实。李泽厚的哲学美学不可能是定于一尊的，但其开宗立派是毋庸置疑的，尽管其理论限度仍有可商榷、讨论的地方。另外，李泽厚思想的发展主线分明，研究重心从认识论、反映论到实践性、主体性，从工具本体到心理本体，又到对情本体的研究，其轨迹有一个从思辨哲学到心灵哲学的转变，切合时代主题。

其三,原创核心观点的放射性及衰减性。放射性指原创核心观点的强度巨大,衰减性是说原创核心观点的相对减少,二者不是就影响而言的。从他创造性地阐发“自然人化”之后,其思想范围再也没有超出它。尽管他也有独具特色的“儒学第四期”等提法,这已不再是单纯的美学领域了,而且其架构仍建基于“自然人化”理论。可以说,在理论的“强度”上,五六十年代是其思想的“原创时代”,洋溢着青春的魅力和爆发力。但原创往往难以持续,李泽厚其后的理论都是对这一原创理论的完善、补充、强调与运用,美学思想也从原创阶段走向了运用阶段,大致经历了从哲学美学到文化美学的过程。这里也有一个悖论,如果不去阐释补充,又如何产生重要影响?反过来,如果仅仅思想不断、毫不连贯,历史又如何去筛选?这或许取决于社会历史状态与思想心力强弱。

其四,对分析—逻辑的倚重。李泽厚一直倡导引介分析哲学对概念的重视,他通过对概念、命题的细致分析而获得自己的研究对象和立场。如对美感、实践等概念做了严格的区分,划分讨论问题的不同层次,如美学的三个层次,强调论题的相反相成,如自然人化、人化自然等。在美学上,李泽厚有四个图表,分别是关于美、美学、美感和思维的。[①] 这种条分缕析、细致入微、层层深入的研究,显然得力于李泽厚自身的哲学素养。李泽厚的方法论是实用主义的,是灵活、多变、包容的,他特别注重“度”,这一点与他的分析、逻辑有紧密的结合,从而使得他的思想逻辑独具特色。

概括来讲,第一个特点是“宏大”,视野遍及八方;第二个特点是“结实”,思想地基扎实,理论骨架有力;第三个特点是“放射性”,起点高、强度大,但却是衰减的;第四个特点是“逻辑性”,讨论问题强调范围限定、层次展开、论

①李泽厚著:《走我自己的路》,中国盲文出版社2004年版,第72—73页。

>> 一身睡衣的李泽厚，他的思想总是和生活合二为一

题互动、思路自洽。这四点可以说是李泽厚美学思想的优点和启示。今天做学问大致围绕这四点，要么做“宏大”，但这需要广泛的阅读、钻研、贯通，但失之牵强附会、杂糅肤浅；要么做“结实”，将自己的理论地基夯实打牢，尽量成为自己的理论根据地，经得起时间的考验，但失之刻板，不灵活及独断论倾向；要么注重爆发力，一开始就提出振聋发聩的看法，或者一开始就形成自己的基本思想，做开创性的工作，但问题在于，从开创到守成，这必然是以放弃原创性为代价的；要么注重文本、概念上的层层推演、递进，虽或不能有大气象，但思路清晰，具有逻辑的自足性和自洽性，这可以说是“自圆其说”，但这可能遭遇新材料、新观点的挑战，因此，如果不及时更新，就会显得过时、顽固和陈陈相因。

这四点是双刃剑，可能成就一个人，也可能毁了一个人。在我看来，作为一个思想家，第三点（原创性）尤为重要，他要注意的不仅是做大做强，还要注意如何超越自我，而不是沾沾自喜，不是小规模的修补，而是从否弃自我到再造自我，不断地寻找原创根基并加以开掘拓展。其次是第二点的厚基础、强骨架,可以是原创理论,也可以是理论资源,但要避免过度阐发,注意自己的限度,不要一味走向大。再次是第四点,是思想的内在自洽与逻辑衍生,方法的完善尽管可能更为技术化,但同时也包含着思想,将熟悉的、常见的问题条分缕析,发现问题、层层推进,进而自成一家,要注意的是不断吸收新材料、新观点,不要为逻辑而放弃现实。我倾向于将第一点放在最后,这个通才、全才也许对某些人仍然有吸引力,但我认为,这个时代还是需要专家和实践者。李泽厚并不热衷于做专人、专家,这是他的选择。其实,只有在专家的基础之上才可能成为通人,李泽厚也是从思想史、哲学、美学专业到对大文化、大历史、大人文的思考的。这个最后未必是最坏的选择,只是它指向一种更高的学术思想境界。

李泽厚先生年谱简编

1930 年(出生)

生于湖北武汉。

1933 年(3 岁)

随家回到湖南长沙。

1942 年(12 岁)

父亲李进去世,家庭经济陷入窘境,第一次感受到死亡,并引发哲学思考。

1945 年(15 岁)

毕业于湖南宁乡靳江中学,后考入湖南一中,因家境困难改入湖南省立第一师范学校。

1948 年(18 岁)

毕业于湖南省立第一师范学校,因思想激进,毕业即失业。

1949 年(19 岁)

母亲陶懋枏去世,因未能送母亲一程,而感到非常痛苦。

1950 年(20 岁)

考入北京大学,当时为哲学系成绩第一名,免修英文和国文,祖母去世。

1954 年(24 岁)

毕业于北京大学哲学系,因病工作受阻。

1955 年(25 岁)

任职中国科学院哲学研究所(今中国社会科学院哲学研究所),实习研究员,发表第一篇美学论文《关于中国古代抒情诗中的人民性问题》。

1956 年(26 岁)

发表《论美感、美和艺术》,加入“美学大讨论”,展开与朱光潜、蔡仪等人的论辩。

1957 年(27 岁)

发表《美的客观性和社会性》《“意境”杂谈》《关于当前美学问题的争论》,出版第一部美学论著《门外集》,年初到敦煌考察壁画,躲过“反右”,年末至 1958 年冬下放太行山劳动。

1958 年(28 岁)

发表《论美是生活及其他》。

1959 年(29 岁)

发表《试论形象思维》《以“形”写“神”》《山水花鸟的美》。

1960 年(30 岁)

下放山东曲阜劳动。

1961 年(31 岁)

本年至 1964 年,开始参加王朝闻主编的《美学概论》的编写工作。

1962 年(32 岁)

发表《美学三题议》《虚实隐显之间》《略论艺术种类》,晋升助理研究员。

1963 年(33 岁)

发表《典型初探》《审美意识与创作方法》,与夫人结婚,从本年到 1966 年参加两次"四清"。

1965 年(35 岁)

发表《帕克美学思想批判》。

1970 年(40 岁)

下放河南信阳劳动,开始认真阅读康德《纯粹理性批判》。

1972 年(42 岁)

开始撰写康德哲学研究著作(《批判哲学的批判》)。

1973 年(43 岁)

儿子出生。

1976 年(46 岁)

《批判哲学的批判》完稿。

1977 年(47 岁)

任中国社会科学院哲学研究所美学教研室副主任,开始主编《美学》,是年第二次"美学热"开始。

1978 年(48 岁)

发表《神的世间风貌》《形象思维的解放》《形象思维续谈》《关于形象思维》等文,《孔子再评价》完稿,传统文化之思逐渐开启。

1979 年(49 岁)

出版《批判哲学的批判——康德述评》《中国近代思想史论》,发表《形象思维再续谈》《谈谈形象思维问题》《略论鲁迅思想的发展》,晋升研究员,主编《美学译文》杂志,《美的历程》完稿。

1980 年(50 岁)

出版《美学论集》,收录 1978 年之前的美学论文,为其早期美学"全集",发表《孔子再评价》《美学的对象与范围》《韵外之致》《盛唐之音》《宋元山水画的三种意境》,当选中华全国美学学会副会长,本年起至 1986 年与刘纲纪共同编写《中国美学史》。

1981 年(51 岁)

出版《美的历程》,发表《画廊谈美》《审美与形式感》,着手主编"美学译文丛书",被聘为国务院学位委员会哲学评议组成员(任期 1981 年—1991 年)。

1982 年(52 岁)

赴美讲学,从事中西思想史研究,参加美国夏威夷大学"朱熹国际学术会议"。

1983 年(53 岁)

发表《中国美学及其他》《美感的二重性与形象思维》《关于中国美学史的几个问题》。

1984 年(54 岁)

出版《中国美学史》第一卷(与刘纲纪合编)。

1985 年(55 岁)

出版《李泽厚哲学美学文选》《中国古代思想史论》。

1986 年(56 岁)

出版《走我自己的路》,朱光潜、宗白华两先生去世,撰写悼念文章。

1987 年(57 岁)

出版《中国现代思想史论》,出版《中国美学史》第二卷(与刘纲纪合编),受邀任新加坡东亚哲学研究所高级研究员。

1988 年(58 岁)

出版《华夏美学》(新加坡东亚哲学研究所),当选巴黎国际哲学院院士。

1989 年(59 岁)

出版《美学四讲》,后曾说明从此“离开美学”。

1992 年(62 岁)

旅居美国,后任教于科罗拉多州立大学。

1995 年(65 岁)

出版《告别革命——回望二十世纪中国》(与刘再复对话)。

1998 年(68 岁)

获美国科罗拉多学院人文学荣誉博士学位。

1999 年(69 岁)

出版《己卯五说》,卸去美国科罗拉多州立大学教职,英文版《美的历程》出版。

2002 年(72 岁)

出版《历史本体论》《浮生论学》(与陈明对话),韩文版《告别革命》出版。

2004 年(74 岁)

出版《论语今读》,出席“实践美学的反思与展望”研讨会,首次公开承认自己是“实践美学”。

2005 年(75 岁)

出版《实用理性与乐感文化》,在中华世纪坛观察家年会上作《儒学四期与转换性创造》讲演。

2006 年(76 岁)

出版《李泽厚近年答问录》,英文版《美学四讲》出版。

2007 年(77 岁)

上海市美学学会举办“李泽厚实践美学思想”研讨会。

2008 年(78 岁)

发表《实践美学短记之二》,收入《华夏美学 · 美学四讲》,参加“中华传统文化与中国特色社会主义理论”(贵州)研讨会。

2009 年(79 岁)

三联版《李泽厚集》(全 10 卷)出版。

2010 年(80 岁)

出版《伦理学纲要》,入选《诺顿理论与批评选》,“李泽厚思想学术研讨会”在北京第二外国语学院举行,英文版《华夏美学》出版。

2011 年(81 岁)

出版《该中国哲学登场了?》(与刘绪源对谈),出版《哲学纲要》,北京大学高等人文研究院举办“80 年代中国思想的创造性:以李泽厚哲学为例”的国际研讨会。

2014 年(84 岁)

出版《回应桑德尔及其他》《李泽厚对话集》(6 卷 7 册),在华东师范大学举办“伦理学研讨班”。

参考文献

一、李泽厚论著(以出版先后为序,下同)

李泽厚著:《门外集》,长江文艺出版社 1957 年版。

李泽厚著:《批判哲学的批判——康德述评》,人民出版社 1979 年、1984 年版。

李泽厚著:《中国近代思想史论》,人民出版社 1979 年版。

李泽厚著:《美学论集》,上海文艺出版社 1980 年版。

李泽厚著:《美的历程》,文物出版社 1981 年版。

李泽厚、刘纲纪主编:《中国美学史》第一、二卷,中国社会科学出版社 1984 年、1987 年版。

李泽厚著:《中国古代思想史论》,人民出版社 1985 年版。

李泽厚著:《李泽厚哲学美学文选》,湖南人民出版社 1985 年版。

李泽厚著:《走我自己的路》,三联书店 1986 年版。

李泽厚著:《中国现代思想史论》,东方出版社 1987 年版。

李泽厚著:《华夏美学》,中外文化出版公司 1989 年版。

李泽厚著:《美学四讲》,三联书店 1989、1999 年版。

李泽厚、刘再复著:《告别革命——回望二十世纪中国》,香港天地图书公司 1995 年版。

李泽厚著:《走我自己的路(新订版)》,台湾三民书局 1996 年版。

李泽厚著:《世纪新梦》,安徽文艺出版社 1998 年版。

李泽厚著:《李泽厚学术文化随笔》,中国青年出版社 1998 年版。

李泽厚著:《己卯五说》,中国电影出版社 1999 年版。

李泽厚著、杨春时编:《探寻语碎》,上海文艺出版社 2000 年版。

李泽厚著:《历史本体论》,三联书店 2002 年版。

李泽厚、陈明著:《浮生论学》,华夏出版社 2002 年版。

李泽厚著:《走我自己的路(杂著集)》,中国盲文出版社 2004 年版。

李泽厚著:《走我自己的路(对谈集)》,中国盲文出版社 2004 年版。

李泽厚著:《实用理性与乐感文化》,三联书店 2005 年版。

李泽厚著:《李泽厚近年答问录》,天津社会科学院出版社 2006 年版。

李泽厚著:《李泽厚集·杂著集》,北京三联书店 2008 年版。

李泽厚著:《伦理学纲要》,人民日报出版社 2010 年版。

李泽厚、刘绪源著:《该中国哲学登场了?》,上海译文出版社 2011 年版。

李泽厚著:《哲学纲要》,北京大学出版社 2011 年版。

李泽厚著:《李泽厚对话集》,中华书局 2014 年版。

二、其他相关论著

文艺报编辑部、新建设编辑部编:《美学问题讨论集》(1-6 集),作家出版社 1957、1959、1962、1964 年版。

王朝闻主编:《美学概论》,人民出版社 1981 年版。

宗白华著:《美学的散步》,上海人民出版社 1981 年版。

刘晓波:《与李泽厚对话——感性、个人、我的选择》,载《中国》1986 年第 10 期。

王生平著:《李泽厚美学思想研究》,辽宁人民出版社 1987 年版。

刘小枫著:《拯救与逍遥》,上海人民出版社 1988 年版。

阎国忠著:《走出古典——中国当代美学论争述评》,安徽教育出版社 1996 年版。

夏中义著:《新潮学案:新时期文论重估》,上海三联书店 1996 年版。

黄克武:《论李泽厚思想的新动向:兼谈近年来对李泽厚思想的讨论》,载《中央研究院近代史研究所集刊》,第 25 期,民 85(1996)年 6 月。

骆玉明主编:《近二十年文化热点人物述评》,复旦大学出版社 2000 年版。

陈文忠著:《美学领域中的中国学人》,安徽教育出版社 2001 年版。

薛富兴:《新康德主义:李泽厚主体性实践哲学要素分析》,载《哲学动态》2002 年第 6 期。

章启群著:《百年中国美学史略》,北京大学出版社 2005 年版。

薛富兴著:《分化与突围 中国美学 1949 - 2000》,首都师范大学出版社 2006 年版。

汪济生著:《实践美学解构——评李泽厚〈美学四讲〉》,上海人民出版社 2007 年版。

王斑著:《历史的崇高形象　二十世纪中国的美学与政治》,上海三联书店 2008 年版。

刘再复著:《李泽厚美学概论》,三联书店 2009 年版。

赵士林:《李泽厚美学思想的文化背景与当代价值》,载《华文文学》2010 年第 5 期。

杨斌:《挂帆千里听涛声——李泽厚诗歌释读》,载《东吴学术》2011 年第 4 期。

赵士林著:《李泽厚美学》,北京大学出版社 2012 年版。

赵士林编:《李泽厚思想评析》,上海译文出版社 2012 年版。

后　记

写作是一种投入和释放，思想的魅力就在于触发这种写作。对《李泽厚评传》的写作亦然。

李泽厚是聚讼纷纭的人物，要对其思想发展与成就作出恰如其分的评述并不容易。本书的具体任务是“评传”。在评上，力图展现李泽厚一生的主要美学成绩。在传上，则尽力凸显李泽厚美学思想的心路历程和人生经历。两个方面都是粗线条的，并非巨细无遗，只具有导引性。其实，要知道李泽厚美学的来龙去脉、是非成败，还是要了解其思想本身。

李泽厚一生美学思想大致可以分为艺术美学、哲学美学和文化美学三大领域。艺术美学的特色是着眼于具体文艺，《美的历程》即属此类。哲学美学则强调从哲学层次加以体识，《美学四讲》即属此类。文化美学则强调从文化历史等角度考察美学，《华夏美学》即属此类。不过，三者既是密不可分的，又是统摄于其哲学体系的。“美学三书”代表了李泽厚美学的总体成就。但是，这一成就不是突然出现、完成的。可以想见，完成“三书”之时，李泽厚已年近六十，因此，最重要的还在于其思想的“积淀”。这个词用在李泽厚身上也许更合适。对“三书”之前的李泽厚美学，本书用了四章来谈，也是这个原因。晚年李泽厚的美学之思没有较大拓展，但仍有部分的新意和启发，影响也逐渐扩大，因此本书也评述了其晚年的美学思想，以展现李泽厚美学的整体发展风貌。

在写作方法论上，本书立足文本，兼顾语境与历程，尽量还原李泽厚美学与文艺理论思想的原貌，而不随意臆测。在选择材料上，以李泽厚的美学论著为依据，以思想观点形成的时间先后为线索，辅以发表或出版时间。撷取代表性的人生经历，不过多涉及不必要的人事和个人问题，而将李泽厚美学思想的发展历程和轨迹作为主要任务。本书依照评传模式结构全书，每一章的论题、时间都相对集中，也兼顾前后的起源与延伸。

序言中说过，李泽厚是一个难题，作为评传的作者，我通过自己的阅读尝试回答了这一难题。对我而言，李泽厚是熟悉又陌生的。熟悉的是，半个世纪的中国哲学美学界都有他的身影、痕迹，他是特殊时代的特殊代表。陌生的是，我与李泽厚无任何实际的联系，我是通过文本来阅读李泽厚的（好在李泽厚先生的口述与回忆性文字最近出版了不少）。对这一难题的解答，既需要进入文本，又需要超越文本而进入整个历史进程。因此，这一解答也将是开放的。按丛书体例，书中附有传主照片、著作书影及相关图片以增加本书的可读性，在此谨向李泽厚先生、赵士林先生等致以诚挚谢意。

感谢王岳川教授盛情邀请我参加评传丛书的撰写，既使我有机会具体地体悟中国当代美学的发展，又使我增强了对中国思想世界化的信心。感谢黄山书社对本书出版的支持和重视，感谢朱莉莉女士专业的编辑工作，使本书增色不少。感谢我的家人，给我无限的温馨与希冀，默默无闻地支持我和理解我，他们的存在让我感受到世界的重量。

最后，限于能力、时间等因素，本书错漏之处定然不少，还请各位方家不吝批评指正。

时胜勋

2009 年 8 月 20 日初稿于清华园

2012 年 5 月 2 日二稿于西藏拉萨

2015 年 8 月 18 日三稿于北京大学